KB183646

40대가 되면 가슴에 새겨야 할 말들

40대가 되면 가슴에 새겨야 할 말들

이삼수 지음

홍익피앤씨

시작하며

역사는 오래 전 과거의 일이 아니라 현재의 거울에 비추는 우리 자신의 얼굴입니다. 과거에서 추출한 역사적 사건들에서 오늘을 사는 지혜와 경륜을 깨달을 수 있기 때문입니다.

그렇기에 우리는 오래 전 시대를 살았던 사람들의 말과 행동에서 현재를 바르게 살아갈 지혜를 얻고, 다가오는 미래를 설계하기 위한 실마리를 찾을 수 있습니다. 인간이 삶을 대하는 태도나 문제 해결의 방법은 아무리 시간이 흘러도 다르지 않기 때문입니다.

과거를 살았던 사람들의 삶의 방식을 거울삼아 내일에 대비하면 어제보다 훨씬 더 넓고 깊은 인생을 펼쳐나갈 수 있습니다. 이것이 바로 역사를 배워야 하는 이유이고, 남보다 더 풍부한 삶을 이룰 수 있는 힘입니다.

이 책은 고대 중국 시대를 살았던 사람들의 삶의 모습을 독자 여러분과 함께 바라보고, 거기서 40대를 살아가는 사람들에게 진정한 삶이란 무엇일지 생각해 보기 위해 집필되었습니다. 이 책에 등장하는 인물이나 사건은 광대한 역사의 일부분에 불과할지라도 독자 여러분들 나름의 삶의 철학을 다시 세우는 데 도움이 될 것입니다.

이 책에 실린 고사성어와 그 말에 얽힌 역사적 배경, 그리고 현자들의 선택을 읽은 후, 미래 어느 날 여러분이 인생의 결정적인 장면을 만났을 때 어떤 생각과 자세로 대처해야 하는지 방법론으로 활용되기를 바랍니다.

'옛말 그른 것 하나도 없다'는 속담이 있는데, 여러분은 이 책을 통해 그 말의 진의를 가슴으로 느끼며 고전에 더욱 심취하게 되리라 믿습니다. 고전에는 그런 매력과 교훈이 가득합니다.

마흔이 되면 세상의 모든 일에 대해 사리분별을 할 수 있고 자기의 감정도 절제할 수 있는 나이가 되므로 세상의 유혹에 쉽게 흔들리지 않게 됩니다. 그렇기에 공자는 마흔이면 불혹不惑이라고 말했던 것입니다.

그러나 오늘을 사는 40대 중에 흔들림 없이 당당히 자기만의 길을 갈 수 있는 사람은 그리 많지 않을 것입니다. 이렇게 된 데에는 여러 이유가 있겠지만, 그럴 수 있는 힘과 지혜가 부족하기 때문이라고 생각합니다.

어려서부터 입시지옥에만 내몰려 살아왔기 때문에 인생의 힘든 국면에 봉착할 때 어떻게 극복해야 할지를 배우지 못했기 때문입니다. 어른들이 가르쳐주지 못한 책임도 크다고 생각합니다.

《40대가 되면 가슴에 새겨야 할 말들》은 바로 이런 관점에서 집필되었습니다. 이 책이 마흔의 삶을 지탱케 하는 모든 지혜를 담고 있지는 못하더라도 이 책을 통해 동양고전의 매력을 알게 되고, 더 많은 고전을 접하는 계기가 되었으면 합니다.

이 책은 일종의 고전 해설서에 속하는데, 이를 계기로 앞으로는 《논어》, 《맹자》, 《장자》 같은 동양고전의 원전原典을 직접 접하면 좋겠습니다. 그 속에 담긴 현자들의 말씀을 만나는 습관에 익숙해지면 삶을 대하는 자세가 달리지게 될 것입니다. 독자 여러분과 고전의 세계에서 자주 만나기를 기대합니다.

감사합니다.

차례

제2장

울타리 밖으로 탈출하라

제3장

과거를 잊은 자에게 미래는 없다

제4장

남 탓을 해도 결과가 달라지지는 않는다

세상이 나를 무시하고 기회를 주지 않는다고 한탄한다면 다른 그 무엇보다 용기, 실력, 힘을 길러라. 비루한 방법으로 상대의 뒤통수를 치는 행동은 복수가 아니다. 오로지 성공해서 큰돈을 벌든 권력을 얻든 상대가 나를 두려워하게 만들어야 한다.

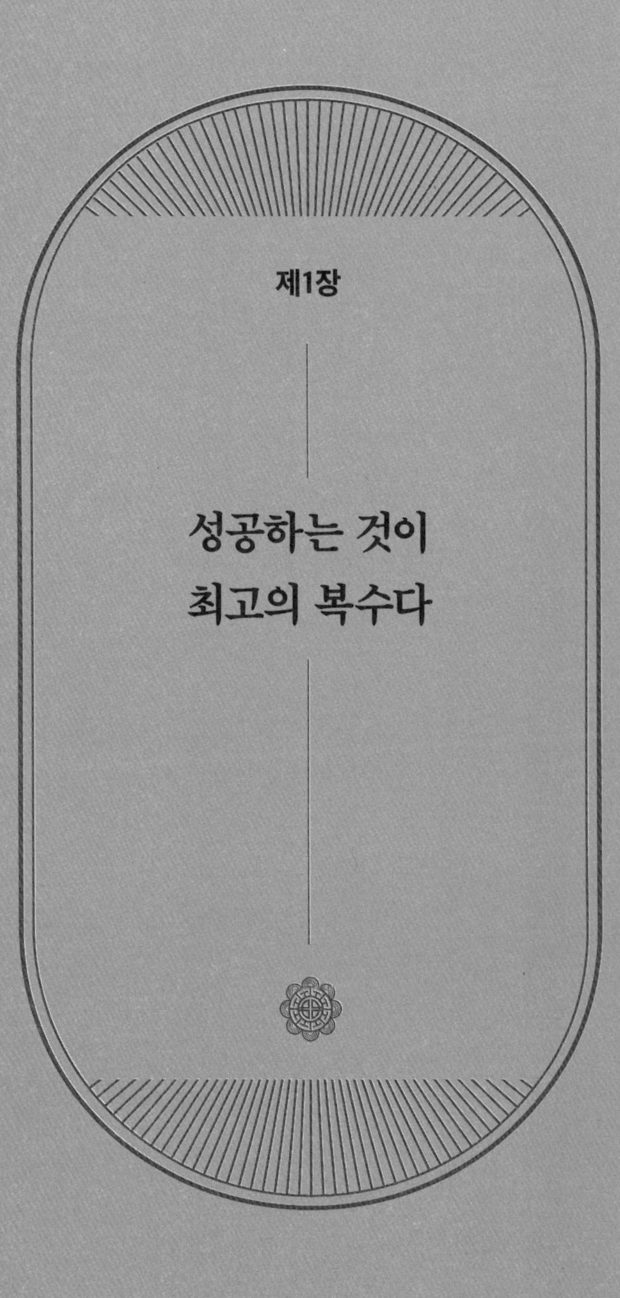

제1장

성공하는 것이 최고의 복수다

01

자기파악이 먼저다

나 자신을 얼마나 알고 있는가?

죽기 살기로 싸우다

《손자병법》〈구지九地〉편에 '함지사지연후생陷之死地然後生'이라는 전략이 나온다. 해석하자면 사지死地에 빠진 후에야 살아남을 수 있다는 뜻으로, 죽음의 위기에 직면하면 한층 더 힘을 내어 살아낼 방도를 찾아낼 만큼 강해진다는 말이다. 손자의 말을 들어 보자.

> 전쟁에 능한 장수는 군대를 마치 한 사람이 움직이듯 하나로 뭉치게 하여 자유자재로 움직일 수 있다. 병사들이란 궁지에 몰리면 오히려 두려움을 잃어버린다. 도망칠 데가 없는 상태가 되면 일치단

결하고 적의 영내에 깊숙이 들어가면 단단히 결속하며 옴짝달싹할 수 없는 사태에 당하면 한층 필사적으로 싸운다. 이렇게 아군을 궁지에 몰아넣고 사생결단을 하게 만드는 것이 장수된 자의 임무다. 궁지에 서야만 비로소 활로가 열린다는 사실을 잊어서는 안 된다.

인간 심리를 이용한 역발상의 전략이다. 중국 전국시대 병법서 《울료자尉繚子》에는 이런 글이 나온다.

한 사람의 도적이 칼을 휘두르며 활개치고 다니는데 다른 사람들이 모두 숨거나 도망치는 것은 도적이 용맹스럽거나 다른 사람이 그러지 못해서가 아니라 '필사必死'와 '필생必生'이라는 두 가지 마음가짐에서 차이가 나기 때문이다.

말 그대로 필사즉생必死卽生이다. 도망치면 당장 물에 빠져 죽게 되는 강물 앞에 진지를 구축한 배수진背水陣이나 밥을 해먹을 솥과 고향에 돌아갈 배를 깡그리 깨부순 파부침주破釜沈舟가 여기서 나온 전략이다.

죽느냐, 사느냐, 이것이 문제인 상황에 놓이면 병사들은 어떻게든 살기 위해 결사적으로 전투에 임한다는 것이다. 전형적인 헝그리 정신을 이용한 낭떠러지 전략이다. 아무것도 가진 게 없는 상황에 내몰리면 무엇이든 열심히 해내게 되는 것 말이다.

청년 김득구의 죽음

헝그리 정신에 기대어 죽기 살기로 싸우는 전략은 사실 매우 위험하다. 상대의 힘에 밀려 죽기라도 하면 얼마나 비참하고 억울한가? 그런 일이 실제로 있었다. 80년대 전후를 풍미했던 권투 선수 김득구金得九가 그랬다.

월등한 체력에 날렵한 움직임, 여기다 강펀치를 소유한 선수로 동양에서는 적수가 없던 그는 당연히 세계 챔피언을 꿈꾸며 착실히 실력을 쌓아 나갔다. 권투 팬들의 기대도 컸고, 언론도 연일 최고라며 전투 의지에 불을 질렀으니 당연히 김득구의 꿈도 야무지게 영글어 갔다.

마침내 1982년 11월 13일 미국 라스베이거스에서 WBA 라이트급 챔피언 결정전이 열렸다. 그의 상대는 미국 출신의 현 챔피언 레이 맨시니Ray Mancini였다. 결과부터 말한다면, 김득구는 경기 도중에 비참하게 쓰러지고 말았다.

경기 중에 맨시니의 강력한 주먹을 연달아 맞아 뇌손상을 입은 김득구는 급히 병원으로 옮겨졌으나 나흘간의 뇌사 상태 끝에 사망했다. 많은 이들이 당시 생중계로 전해지던 순간을 잊지 못한다. 얻어맞으면서도 끝끝내 상대에게 달려들었던 김득구의 투혼을 말이다.

김득구에게 '함지사지연후생'이라는 전략은 통하지 않았다. 그 전략만으로는 도저히 이길 수 없을 만큼 실력 차이가 너무 컸기 때문이다. 미국으로 떠나기 전 김득구 선수가 언론 인터뷰에서 말했다.

"죽기 살기로 싸우겠습니다. 이기지 못하면 죽어서 링에서 실려 나오겠습니다."

그의 말은 현실이 되었다. 이 경기가 있기 전에 전문가들 사이에서는 우려의 목소리가 높았다. 당시 레이 맨시니는 21세였고, 김득구는 27세였다. 챔피언으로서 두 번째 방어전을 치르는 레이 맨시니는 소문난 쇠주먹으로 29전 23KO 승을 기록하는 선수였다. 언론은 그날의 경기 내용을 이렇게 보도했다.

"활발한 싸움이었지만 맨시니가 경기를 지배하면서 경기 내내 김득구에게 쉽게 타격을 가했다."

김득구가 지치지 않고 덤벼들었지만 별 소득이 없었던 반면에 레이 맨시니는 쉽게 쇠주먹을 날려 김득구를 괴롭혔다는 얘기다. 그럼에도 김득구는 한 발짝도 물러나지 않음으로써 스스로를 사지에 빠지게 만들었다.

김득구 선수는 원래 저돌적인 공격으로 상대를 압박하는 선수였다. 그러나 이것은 어디까지나 동양이라는 우물 안에서 있었던 일이고 막상 우물 밖으로 나가 만난 상대는 그 어떤 전략도 통하지 않을 만큼 너무 강력했다.

더 불행한 일이 이어졌다. 김득구 선수가 죽고 3개월쯤 지났을 때 어머니가 아들을 잃은 애통함을 이기지 못하고 자살하고 말았다. 고향에서 아들의 경기를 TV로 지켜본 어머니는 뒤늦게 달려간 난생 처음의 미국행에서 아들의 시신을 넋 놓고 지켜봐야 했다.

그것으로 끝이 아니었다. 그 시합에서 심판이었던 사람도 죄책감을 이기지 못하고 7개월 뒤에 자살했다. 그 심판은 김득구가 맨시니에게 무수히 맞을 때 빨리 경기를 중단하지 않았다고 비난을 받고 있던 터였다.

김득구의 죽음을 통해 많은 사람들은 죽기 살기로 싸우겠다는 정신력만으로는 절대 안 된다는 사실을 깨달았다. 함지사지연후생이라는 대책만으로는 해결되지 않는 것도 많다는 사실을 알게 된 것이다.

그렇다는 것은 약자가 상자를 상대할 때는 제2, 제3의 다음 전략을 마련해 놓고 싸워야 한다는 뜻이다. 무조건 끝장을 보겠다며 오로지 정신력만 믿고 자기 자신을 내던지는 것은 미련하기 짝이 없기 때문이다.

차선책이 필요하다

차선책이란 가장 좋지는 않지만 그 다음으로 좋은 방책이란 뜻이다. 전쟁이든 싸움이든 경쟁을 하기 전에 첫 번째 계책 다음으로 두 번째, 세 번째 대책을 준비해야 한다는 것이다.

유능한 기업가들은 단 하나의 전략만으로 공격하지 않는다. 플랜A만이 아니라 플랜B, 플랜C도 마련해 놓고 만약의 사태에 대비한다. 당연한 얘기다. 세상은 변화무쌍해서 생각대로만 흘러가지 않기 때문이다.

상대가 나의 계책에 이중삼중 방비를 했을 수도 있고, 외부적인 상황이 여의치 않을 수도 있다. 비장의 카드가 두세 장 있는 사람과 오로지 하나의 카드만으로 승부하는 사람의 차이는 보나마나다.

김득구에게 차선책은 무엇이었을까? 그간의 성적과 정신력만 믿고 저돌적으로 공격하는 것 말고 다른 대책은 무엇이었을까? 라운드가 거듭될수록 상대가 나보다 강자라는 사실을 알게 되었다면 차선책을 마련했어야 하는데 불행히도 김득구에게는 그런 대책이 없었고, 있었다 하더라도 상대의 벽이 너무 높아 통하지 않았다.

김득구는 이 대결이 있기 전에 20전 17승 1무 2패의 전적이 었다. 어디 내놔도 부끄럽지 않은 기록이지만 대부분 한국과 동양권 선수를 상대로 거둔 승리였고, 그나마 그가 거둔 17승 중에 8KO 승이니 레이 만시니에 비해 주먹의 강도를 나타내는 KO율에서 많이 뒤진다. 심지어 김득구는 미국 라스베이거스는 난생 처음이었다.

하지만 레이 맨시니는 역사상 가장 뛰어난 라이트급 선수라는 평판이 나돌 만큼 강력한 존재였다. 당시만 해도 우리나라는 모든 방면에서 해외 정보력이 취약했다. 그렇기에 김득구 측에서는 레이 맨시니가 대단한 선수라는 사실은 알았지만 구체적으로 아는 것이라곤 언론에 떠다니는 소문이 전부였을 것이다.

그러니 최선책은커녕 차선책마저 너무 허술했던 것이다. 적을 알고 나를 알면 백 번을 싸워도 위태롭지 않은데 김득구는 적도 모르고 자신도 몰랐던 것이다.

스포츠는 결과로 말하는 것, 결과는 비참했고 슬픔은 오래 갔다. 많은 사람들이 김득구가 가지고 있던 복서로서의 자질과 성실함을 잘 알고 있었으므로 한두 번 지더라도 다음에 꼭 승자가 되리라는 걸 믿고 있었다.

패배해도 된다는 것, 패배해도 다시 일어서면 된다는 것, 한두 번 패배를 당해 보는 것이 오히려 더 강해지는 길이라는 것, 그런 평범한 사실을 간과했기에 링에 오르기 전에 '이기지 못하면 죽어서 실려 나오겠다'고 말했던 것이다. 그래서 더 아쉽다. 왜 김득구 주변의 어른들은 경기 도중에 뜯어말리지 않았을까?

'함지사지연후생'을 글자 그대로 해석하면 안 된다. 필사적인 결의는 좋지만 이기지 못하면 죽겠다는 식의 결기는 위험하다. 그렇다면 필요한 것은 단 하나뿐, 필사적인 결의에 더해 상대를 압도하는 실력이 있어야 한다.

'지피지기 백전불태知彼知己 百戰不殆'를 잊지 말아야 한다. 너무나 흔한 말이지만, 그럼에도 영원한 진리인 이 말을 이 세상 모든 도전자들이 가슴에 새겨야 한다. 무엇을 하기 전에, 누군가를 상대하기 전에, 나 자신을 돌아보며 항상 이렇게 묻고 또 묻는 것이 필요하다.

"나는 나 자신을 잘 알고 있는가?"

하나의 목표를 향한 도전과 열정은 박수받을 일이지만 단 하나의 방법과 대책만으로는 안 된다. 최선을 다하되 반드시 차선의 방법과 대책을 마련해 두자. 이것이 승자들의 도전법이다.

02

자기의 가치를 믿어라

앞서 가는 자는 물러남도 빠르다

못 생긴 나무가 산을 지킨다

《장자》〈산목장山木章〉편에 '직목선벌 감정선갈直木先伐 甘井先竭'이라는 글이 나온다.

'곧은 나무는 먼저 잘리고 맛있는 우물은 먼저 말라 버린다'는 뜻이다.

좋은 우물은 사람들이 많이 이용하기에 다른 곳보다 먼저 마르고 재능이 뛰어난 사람은 세상에 잘 쓰이기는 하지만 그 때문에 도리어 빨리 능력을 소진하게 된다는 뜻이다.

같은 맥락의 이야기로 '못생긴 나무가 산을 지킨다'는 말이 있다. 곧고 튼실한 나무는 목수의 선택을 받아 빠르게 잘려나가지만 가지가 휘어지거나 줄기가 허약한 나무는 누구의 시선도 끌지 못해 결국엔 오래 남아 산을 지키게 된다는 것이다.

자신의 더딘 성공을 한탄하며 스스로 무능하다고 자책하는 사람이 있다면 이 말에 용기를 얻기 바란다. 세상은 머리 좋고 능력 있는 사람보다 소신을 지키며 자기 자리에서 오랫동안 최선을 다하는 사람을 원한다. 능력보다는 끈기와 집중력으로 자기 자리를 지켜내는 사람이 결국 어려운 일을 해내기 때문이다.

이 말은 자기의 한계를 너무 일찍 단정 짓지 말고 자신을 채우는 일에 많은 시간을 보내라는 뜻이다. 남이 이룬 성공은 나와 상관없는 일이니 묵묵히 자기만의 길을 가는 사람에게 반드시 보답이 오기 때문이다.

장자는 '직목선벌 감정선갈'을 말하면서 세상의 모든 곧은 나무와 맛난 샘물들을 향해 이런 말을 곁들였다.

"스스로 뽐내는 자는 공을 잃게 되고 공을 이루고 물러나지 않는 자는 실패하게 되며 명성을 이루고 그대로 머물고자 하는 자는 욕을 보게 된다."

자기가 가장 잘났다며 남들을 함부로 대하는 사람이 있다. 자기보다 못난 사람을 깔보며 마구 하대하는 사람도 있다. 장자는 이런 사람들은 금세 바닥을 보게 될 것이라고 말한다. 사람들이

곧은 나무와 맛있는 샘물을 그냥 놔둘 리 없기 때문이다.

이 말은 곧 자신의 능력을 함부로 드러내지 말고 자신의 충만함을 위해 묵묵하게 더 노력하는 사람이 되라는 뜻이기도 하다. 그러면 언젠가는 자신의 진짜 쓸모를 사람들이 알아 줄 날이 올 것이기 때문이다.

한계효용체감의 법칙

경제학에 '한계효용체감의 법칙'이라는 용어가 있다. 어떤 대상을 더 많이 가질수록 효용이 늘어나기는 하지만 추가적으로 늘어나는 만큼의 가치는 오히려 줄어들게 된다는 법칙이다. 예를 들어 사과 하나를 처음 먹을 때 느끼는 만족도가 10이라면 두 번째 사과를 먹을 때의 만족도는 8로, 효용가치가 감소한다.

사람의 능력은 죽을 때까지 무궁무진하게 발현되는 것이 아니다. 어느 시점에 이르면 능력이 고갈되어 이전의 힘을 쏟아내지 못하는 경우가 많다. 그렇기에 남보다 일찍 명성을 얻는 천재들 중에 대중의 기억에서 빠르게 사라지는 사람들이 많은 것이다.

예전에 아이큐 250의 천재로 기네스북에도 오른 일곱 살 소년이 있었다. 코흘리개 소년이 대학원생들이 푸는 고난도 수학문제를 척척 해결하는 등 엄청난 재능을 보였던 아이는 장차 세계 최고의 과학자가 될 거라는 기대를 한 몸에 받았다.

얼마 후 소년이 하버드대학에 들어가 수업을 받게 되었다는 소식이 들려 기대가 더 컸다. 하지만 단지 그것뿐, 이후로 그 아이에 관한 소식은 더 이상 들리지 않았다. 한계효용체감의 법칙의 덫에 빠진 것일까? 아니면 소년의 능력을 안아 주기에는 세상의 품이 너무 좁았던 것일까? 세월이 많이 흘러간 지금, 그 소년의 이름을 기억하는 사람은 거의 없다.

'소년등과 부득호사少年登科 不得好事'라는 말이 있다. 너무 어려서 과거에 급제하면 좋지 않은 일들이 생긴다는 뜻이다. 어린 나이에 급제하면 더 없는 영예가 분명하지만 이것이 인생이 불행해지는 원인이라는 것이다.

인격이 성숙하기 전에 출세하게 되면 자칫 오만과 편견에 빠져 독단적인 사람이 되고, 자기세계에 만족하며 폭주하다가 스스로 제어하지 못해 패가망신하는 경우가 많기 때문이다. 게다가 자기가 이룬 성공을 너무 쉽게 생각하여 인생 자체를 별 것 아닌 문제로 바라보는 것도 큰 병폐다.

그럼에도 우리는 남보다 먼저 출세하기를 바란다. 남보다 빠르게 승진하고 남보다 돈을 더 벌고 싶어 한다. 어떻게든 빨리 자기 이름을 알리려고 발버둥치고 남보다 먼저 자신의 능력을 과시할 때를 필사적으로 찾는다.

그러나 이렇게 얻은 성취에 만족하기보다는 더 많은 성취, 더 많은 기회를 요구하게 되어 과거의 빠른 성공이 도리어 자기 목을 죄는 멍에가 될 수 있다. 이것이 바로 옛사람들이 소년등과 부득호사라 말한 이유다.

쓸모없는 것은 없다

다소 극단적인 표현이지만, 중국 속담에 '사람은 유명해지지 말고 돼지는 살찌지 말라'는 말이 있다. 사람이 유명해지면 시기하는 사람이 늘고 돼지가 살이 찌면 잡아먹힐 가능성이 높아진다는 말이다.

시기하는 사람이 늘면 반드시 곤경에 빠질 일이 생기니 함부로 나댔다가 덫에 걸리는 수가 있다. 자신의 유명세가 오히려 독이 될 수 있다는 것이다.

'낭중지추囊中之錐'라는 고사성어가 있다. 재능이 뛰어난 사람은 조용히 숨어 있어도 주머니 속의 송곳처럼 저절로 남의 눈에 드러나게 된다는 뜻이다. 이 말이 생긴 연유에 대해 《사기》는 이렇게 설명하고 있다.

진나라의 갑작스런 공격으로 인해 곤경에 처한 조나라 왕은 재상 평원군을 초나라에 급히 보내 구원군을 요청하기로 결정했다. 이때 평원군은 수행원 20명을 선발하기로 했는데, 모수毛遂라는 사람이 자기를 데려가 달라고 말했다. 이에 평원군이 말했다.

"재능이 뛰어난 사람은 아무리 숨어 있어도 주머니 속의 송곳처럼 반드시 드러나 눈에 띄게 되는 법인데, 자네는 우리 집에서 3년이 지나도록 내가 이름을 들은 적이 없으니 과연 수행할 능력이 있겠는가?"

이에 모수가 당당하게 말했다.

"그것은 지금까지 제가 주머니 속에 들어간 적이 없기 때문입니다. 저를 주머니 속에 넣어 주신다면 송곳 끝뿐 아니라 송곳 자루까지 보여드리겠습니다."

모수는 수행원으로 뽑혀 구원군을 얻는 데 가장 큰 공을 세웠다. 모수의 뛰어난 언변과 사람을 다루는 솜씨에 반한 초나라 왕은 연신 싱글벙글하며 그의 재능을 높이 평가했다고 한다. 반면에 함께 갔던 수행원들은 평소에 평원군이 몹시 아끼는 사람들이었지만 전혀 능력 발휘를 하지 못하고 구경꾼 노릇만 했다.

맹자는 '진예자 기퇴속進銳者 其退速'이라고 했다. 나아가는 것이

빠른 자는 물러남도 빠르다는 뜻이다. 자신의 속도에 만족을 느끼는 자는 자만에 빠지게 되고, 결국 올라갈 때의 빠른 속도만큼이나 추락도 빨리 온다는 것이 맹자의 판단이다.

주위를 돌아보면 어릴 때부터 뛰어난 두뇌를 자랑하는 사람들이 많다. 어느 분야에 특별한 재능을 보이기도 하고, 10대 소년이 어른도 흉내 내지 못할 발명품을 만드는 일도 있다. 젊은 나이에 엄청나게 돈을 벌어 청년재벌이라는 소리를 듣기도 한다. 그럴 때 우리는 이렇게 물어야 한다.

그래서 뭐 어쩌라는 것인가? 그 사람에 관한 이야기가 내 삶을 흔들 수 없고, 그 사람이 대단한 일을 해냈다고 해서 나에게 도움을 줄 리도 없다. 설령 곧은 나무가 아니라도 당신만의 쓸모를 찾아 살아가라는 뜻이다.

《장자》 〈인간세人間世〉편에 '무용지용無用之用'이란 말이 나온다. 해석하자면, 쓸모없는 것의 쓸모라는 뜻이다. 혜자惠子가 장자에게 말했다.

"우리 마을에 개똥나무라는 나무는 큰 줄기는 울퉁불퉁 옹이가 많아 먹줄을 칠 수 없고, 작은 가지들은 뒤틀려 자를 댈 수 없어 길가에 있지만 목수들이 거들떠보지도 않네. 그 나무는 크기만 했지 아무 쓸모가 없네."

이에 장자가 말했다.

"어째서 그 나무를 넓은 들판에 심어 놓고 기대어 쉬거나 나무 그늘에서 놀다가 낮잠을 자지 못하는가? 그 나무는 도끼에 찍힐 일도, 누가 해칠 일도 없네. 그런데 왜 쓸모없다고 말하는 건가?"

저마다의 쓸모대로 살면 나의 가치만큼 사용할 기회가 찾아온다. 조급할 것 없다. 인생은 그런 것이고, 반드시 그래야 한다. 당신의 시대는 아직 오지 않았으니 기다려라. 그것을 남에게 빼앗기지 않도록 실력을 키우면서.

자신을 쓸모없는 인간으로 여기며 방치하지 말라. 저마다의 쓸모대로 살면 자신의 가치를 발휘할 시간이 찾아온다. 이제부터 해야 할 일은 실력을 키우는 것, 이것이 성공의 지름길이다.

03

힘을 기르고 최선을 다하라

성공하는 것만이 최고의 복수다

통쾌하게 복수하다

위나라의 수가須賈가 왕명에 따라 제나라에 사신으로 가게 되었다. 이때 그는 자신보다 직급이 한참 낮은 범수范雎라는 젊은이를 대동하고 갔다. 평소 똑똑하다고 평가받는 범수에게 참모 역할을 맡긴 것이다.

그런데 제나라의 왕이 수가는 거들떠보지도 않고 범수의 학덕을 높이 평가하며 극진히 예우했다. 무식한 수가보다는 범상치 않은 범수의 인품에 반했던 것이다. 톡톡히 망신을 당한 수가는 귀국하자마자 범수가 제나라와 밀통을 하고 있다고 모략을 했다.

왕은 수가와 밀접한 사이였기에 범수의 해명을 듣지도 않고 옥에 가둬 혹독한 고문을 가했고, 범수는 끝내 혼절하고 말았다. 이에 옥리는 그가 죽었다고 보고하고 내다버렸다. 그러나 범수는 기적적으로 살아나 진나라로 도망쳤고, 반드시 성공해 위나라에 복수하리라고 결심했다. 그는 나중에 장록張祿으로 이름을 바꾼 후 이를 악물고 노력한 끝에 재상에 올랐다.

당시 진나라는 강대국으로 주변의 소국들을 사정없이 먹어치울 때였다. 그렇기에 당연히 위나라도 과녁에 들어왔고 공격할 시점을 노리고 있었다. 이에 위기를 느낀 위나라 왕은 수가를 사신으로 보내 화친을 교섭토록 했다.

수가가 사신으로 왔다는 소식에 범수는 일부러 남루한 행색을 하고 그를 찾아갔다. 수가는 처음엔 범수를 알아보지 못했다. 그가 죽은 줄 알았기 때문이다. 그러다 범수가 살아 있다는 사실에 기절초풍한 수가는 그의 남루한 옷차림에 동정심이 생겨 솜옷 한 벌을 건네주었다.

다음 날 대궐에 들어간 수가는 범수가 진나라의 재상 장록이라는 사실을 알고 또 한 번 정신을 잃을 정도로 놀랐다. 전쟁을 막으려고 사신으로 왔는데 오히려 불난 집에 부채질하게 생긴 것이다. 수가는 납작 엎드려 사과했다.

이에 범수는 수가의 목숨은 살려 주겠지만 위나라 왕은 용서할 수 없으니 그의 목을 베어 자신에게 보내라고 명했다. 수가가 왕의 목을 갖다 줄 리는 없으니 침략을 포기하지 않겠다는 선언이었다.

사마천은 이를 '군자보구 십년불만君子報仇 十年不晩'이라고 표현했다. 군자가 원한을 품고 복수를 꿈꾼다면 십 년을 참아도 늦지 않다는 뜻이다. 십 년이든 백 년이든 복수하면 될 뿐 시간의 구애를 받지 말라는 얘기다.

그러나 이 말은 복수라는 행위에 방점이 있는 게 아니라 진정한 복수를 위해서는 인내하면서 착실히 실력을 닦는 등 때를 기다리라는 교훈이 담겨 있다. 무조건 복수를 결행하지 말고 참고 견디며 실력을 쌓아 상대를 압도할 만한 때를 기다리라는 가르침이다.

범수는 언젠가는 위나라를 박살내겠다는 일념으로 살아왔고 위나라 침략도 모두 그의 머리에서 시작된 일이었다. 그것은 기나긴 세월 묵묵히 실력을 쌓아온 범수의 복수가 이제 성공을 앞두고 있다는 뜻이기도 했다.

중국에는 복수의 문화가 있다

중국인들에게는 오랜 세월 이어져 온 '복수의 문화'가 있다. 누군가 나를 능멸했거나 체면을 깎아내리는 행동을 했다면 반드시 응징한다는 관습이 고대 중국 시대부터 오늘날까지 전해 내려온 전통문화의 하나였다.

《예기》에 '이원보원以怨報怨'이라는 말이 나온다. 원한을 원한으로 갚는다는 뜻이다. 그렇게 되면 대를 이어 복수의 연대기를 써야 할 판이지만 중국인들은 이를 마다하지 않는다. 복수가 군자의 책무이기 때문이다. 와신상담臥薪嘗膽, 절치부심切齒腐心 같은 고사성어도 복수의 마음을 담은 말들이다.

합려闔閭를 도와 오나라를 강대국으로 만든 오자서伍子胥는 원래 초나라 사람이었다. 그는 젊었을 때 왕이 간신들의 모함을 받고 아버지와 형을 죽이고 오자서마저 죽이려 하자 오나라로 도망쳤다.

그 뒤 초나라를 침공하여 승리를 거둔 오자서는 오래 전에 죽은 왕의 무덤을 찾아 파헤치고는 시체에 매질을 하여 과거의 원한을 풀었다. 이를 '굴묘편시掘墓鞭屍'라고 하는데, 이렇게 가혹할 정도의 복수가 중국인들의 삶 속에 깊숙이 뿌리 내린 관습이었던 것이다.

덩샤오핑鄧小平이 유언으로 남겼다는 '도광양회韜光養晦'라는 말도 복수와 보복의 의미를 담고 있다. '칼 빛을 감추고 어둠 속에서 힘을 기른다'는 뜻의 도광양회는 오늘의 중국을 만들었다고 해도 과언이 아닐 만큼 강력한 힘으로 중국인들을 이끌었다.

1970년대 이전까지 중국은 죽의 장막을 쳐놓고 외부와 차단하는 등 은둔의 세월을 보냈다. 서구열강의 모멸과 질시를 당하면서 엎드려 있던 중국은 덩샤오핑의 지도 아래 은밀히 힘을 키웠고, 이제 중국은 미국과 어깨를 겨루는 초강대국이 되었다.

《손자병법》은 자신의 진짜 모습과 의도를 상대에게 보이지 말라고 말한다. 상대의 의도는 거울을 보듯이 빤히 알고 나의 의도는 상대가 까맣게 모를 때 비로소 적을 압도할 힘을 발휘할 수 있다는 뜻이다.

반드시 복수하겠다! 이렇게 떠들고 다니며 복수를 다짐하면 아무리 강한 상대라도 경계심을 품을 것이다. 그러면 복수는 더욱 어려워진다. 때를 기다리며 실력을 키워 나가야 한다. 그러기 위해서라면 100년이라도 더 기다릴 수 있어야 한다.

그럼에도 복수에 실패할 수 있다. 그러나 그 실패로부터 교훈을 얻어 다시 칼을 갈면 된다. 여기 그렇게 복수를 결행했지만 끝내 실패했던 사람이 역사책에 이름을 남기고 있다.

위衛나라의 형가荊軻는 학문에 조예가 깊고 무예까지 갖춘 젊은이였지만 누구에게도 발탁되지 못하고 오랫동안 낭인생활을 했다. 형가는 절친한 벗인 고점리高漸離를 만나 자주 술판을 벌이곤 했는데 취기가 올라 감정이 복받치면 둘이 얼싸안고 울고 웃었다. 그때마다 형가는 눈물을 쏟으며 '군자보구 십년불만'을 뇌까렸다.

그는 과연 누구를 향해 복수의 칼을 갈고 있었을까? 상대는 장차 진시황제라 불리며 중국 대륙을 한손에 쥐고 흔들 진秦나라의 왕 정政이었다. 일개 낭인에 불과한 형가는 왜 그런 마음을 품게 되었을까?

그 이면에는 연燕나라 태자 단丹이 있었다. 오랫동안 진나라에 인질로 가 있던 단은 그 시절 유일한 친구가 바로 장차 진나라 왕위에 오를 정으로, 두 사람은 의기투합해서 속마음을 나누며 평생의 우정을 약속하곤 했다.

그런데 언젠가부터 돌연 정의 태도가 바뀌어 단을 냉대하기 시작해서 생명의 위협을 느낄 때가 많았다. 위기를 느낀 단은 급히 연나라로 도망쳤다. 단은 강대국인 진나라 왕을 살해하는 것만이 연나라를 위한 길이라고 믿고 자객을 물색하기 시작했다. 이때 발탁된 인물이 바로 형가였다.

그러나 이 작전은 실패하고 만다. 준비가 너무 허술했던 탓에 암살 직전에 발각되고 말았던 것이다. 허무하게 끝난 복수극임에도 사마천은 《사기》 〈자객열전〉에 형가의 이름을 올려 그의 용기를 후대에 전했고, 그의 실패는 수없이 많은 진시황제 암살 시도로 이어졌다.

성공하는 것이 최고의 복수다

용기 있는 자만이 복수할 수 있다. 여기에 실력을 더한다면 더 말할 나위가 없다. 하지만 그것만으로는 아직 부족하다. 상대를 능가할 힘이 있어야 한다. 형가에게는 용기가 있었지만 실력이 부족했고 진나라 왕을 압도할 힘도 없었다.

복수의 칼날은 아비를 죽였거나 나라를 망친 원수에게만 향하지는 않는다. 세상이 나를 무시했다면 언젠가 반드시 나의 진짜 모습을 보여줘야 한다. 세상에 압도되지 않고 세상을 밟고 일어서는 것, 그것이 진짜 복수다.

스티브 잡스는 젊은 시절 자신이 제시하는 사업 아이디어를 폄훼하는 자본가들에게 철저히 무시당했지만 성공하는 것만이 최고의 복수라는 일념으로 자신의 길을 갔다.

이런 복수심은 스티브 잡스를 더욱 치열하게 만들었고, 결국 그의 생각이 틀렸다고 말했던 투자자들에게 완벽하게 복수를 완성했다. 그가 1980년 주당 22달러에 애플컴퓨터의 기업공개를 했을 때, 그는 이미 1억 달러가 넘는 돈을 가진 불세출의 거부였다.

그렇다. 성공하는 것만이 최고의 복수다. 복수할 대상을 무릎 꿇게 할 힘을 기르기 전까지는 진정한 복수가 아니다. 용기, 실력, 그리고 힘이 복수를 위한 조건이다.

세상이 나를 무시하고 기회를 주지 않는다고 한탄한다면 다른 그 무엇보다 용기, 실력, 힘을 길러라. 비루한 방법으로 상대의 뒤통수를 치는 행동은 복수가 아니다. 오로지 성공해서 큰돈을 벌든 권력을 얻든 상대가 나를 두려워하게 만들어야 한다.

'군자보구 십년불만'이야말로 세상에 복수하겠다고 다짐하는 이 세상 모든 성공 희망자들이 가슴에 새겨야 할 말이다. 우리들에게 진짜 성공은 그런 것이고, 그것을 완성하는 일에는 십 년도 길지 않다.

성공하는 것만이 최고의 복수다. 복수할 대상을 무릎 꿇게 만들 힘을 기르기 전까지는 진정한 복수를 꿈꾸지 말라. 용기, 실력, 그리고 힘이 진짜 복수를 위한 조건임을 잊지 말라.

04

초심을 잃지 마라

너의 처음을 기억하라

명의 편작 이야기

'유편지술兪扁之術'이라는 고사성어가 있다. 이름난 명의의 빼어난 치료법을 일컫는 말로 고대 중국 황제黃帝 때의 명의 유부兪跗와 주나라의 이름난 의사 편작扁鵲의 이름에서 유래되었다. 두 사람은 살아 있는 동안 가장 훌륭한 의원으로 명성이 높았는데, 여기에 한나라의 화타華陀까지 더해서 중국의 3대 명의로 추앙받았다.

유부는 탕약이나 침구를 사용하지 않고 외과적 수술로 병을 치료했다고 한다. 반면에 편작은 약초나 침을 통한 치료에 탁월했고, 맥박에 의한 진단에도 뛰어났다. 한편 화타는 침술과 칼을 이용한 외과적 치료에 빼어난 솜씨를 지닌 명의였다. 이로 보아 유부와 화타는 외과의사, 편작은 내과의사로 분류할 수 있을 것이다.

《삼국지연의三國志演義》에서 관우가 조조의 부하장수가 쏜 독화살을 팔뚝에 맞은 후 화타에게 마취 없이 수술을 받은 이야기는 유명하다. 화타는 독이 퍼져 나간 피부 살점을 도려내는 한편 뼈까지 긁어내는 수술을 했는데 관우는 눈썹 하나 까딱하지 않고 독한 술을 마시며 바둑을 두었다고 한다.

편작은 젊은 시절에 어느 도인이 건네준 영험한 약을 먹고 눈이 밝아져서 담 너머에 있는 사람이 누군지 알아차릴 수 있었다고 한다. 그러니 사람의 오장육부는 물론이고 온갖 병증을 꿰뚫어보는 것은 당연한 일이었다. 그런데 편작은 절대로 고치지 못하는 6가지 불치병이 있다고 말했다.

첫째, '내 몸은 내가 안다'는 식의 오만한 태도로 의사가 권하는 치료법을 무시하는 환자

둘째, 자기 몸은 돌보지 않고 눈만 뜨면 돈을 밝히는 환자

셋째, 의식주가 온당하지 않는 환경에서 살아가는 환자

넷째, 음과 양의 균형이 무너져 기氣가 불안정한 환자

다섯째, 너무 쇠약하여 어떤 약을 써도 몸이 받아들이지 못하는 환자

여섯째, 무당의 말에 빠져서 의사의 말을 듣지 않는 환자

귀신이 와도 손을 쓸 수 없다

《한비자》에 이런 이야기가 나온다. 편작이 채나라의 왕을 만났을 때, 잠시 안색을 살피고는 대뜸 이렇게 말했다.

"왕에게는 병이 있는데, 다행히 피부에 머물러 있으니 당장 치료하지 않으면 몸속으로 파고들 것입니다."

하지만 왕은 자기에게는 아무 병도 없다며 의원이라는 놈들이 돈에 눈이 멀어 멀쩡한 사람을 환자로 몬다고 역정을 냈다. 열흘 후, 다시 왕을 만난 편작이 이렇게 말했다.

"왕의 병은 이제 피부를 파고들었으니 더 늦기 전에 손을 써야 합니다."

왕은 언짢다는 표정을 지으며 고개를 저었다. 다시 열흘이 지났을 때, 편작이 찾아와 이런 말을 했다.

"왕의 병은 지금 위와 장 사이에 도사리고 있습니다. 지금이라도 치료하지 않으면 큰일이니 당장……."

그러나 편작의 말은 왕의 표정이 심하게 일그러지는 바람에 더 이어지지 못했다. 자기 몸은 자신이 제일 잘 아니 입을 다물

라는 무언의 명령에 할 말을 잃었던 것이다. 다시 열흘이 지나서 편작이 대궐을 찾았는데, 이번에는 멀리서 왕을 바라보기만 하다가 말없이 물러났다. 한 신하가 이유를 묻자, 편작이 이렇게 대답했다.

"지금은 병이 골수에 이르러 귀신이 와도 손을 쓸 수 없습니다. 그래서 치료하자는 말을 못했습니다."

다시 열흘이 지나자 왕은 갑자기 오장이 뒤틀리고 온몸의 뼈마디가 쑤시기 시작했다. 왕이 급히 편작을 찾았지만 이미 떠나고 없었다. 얼마 뒤에 왕은 숨을 거두고 말았다. 나중에 편작이 이렇게 말했다고 한다.

"병이 살갗에 머물러 있을 때는 찜질로 고칠 수 있고, 살갗 속으로 들어가면 침이나 뜸으로 고칠 수 있으며 위장에 들어가 있으면 탕약으로 치료할 수 있지만 골수까지 파고들었다면 나도 어쩔 수 없는 노릇이다."

채나라의 왕은 편작이 말한 6가지 불치병 중에 자기 몸은 자기가 잘 안다는 태도로 일관하며 의사가 권하는 치료법을 무시하는 환자에 속할 것이다. 하지만 이것이 어찌 왕의 경우에만 해당할까?

사람들이 알게 모르게 질병에 시달리면서도 병원을 찾는 걸 싫어한다. 무서운 병에 걸렸다는 말을 들을까 봐 두렵기도 하지만 내 몸은 내가 잘 안다는 교만 때문에 숨이 넘어가는 지경이 아니면 병원에 가는 걸 미루는 사람이 태반이다.

모든 일의 근원은 작은 것에서 시작된다

질병이 시작될 때 징후만 보고도 자신의 상태를 알아차릴 수 있다면 누구도 큰 병에 걸리지 않을 것이다. 등짝에 난 부스럼을 그냥 놔뒀다가 심하게 곪는 바람에 살갗을 도려내는 경우도 있고, 처음엔 사소한 고뿔이라 저절로 나을 거라 믿고 가만히 놔뒀다가 폐병으로 전이되는 경우도 있다. 일이 시작되는 지점에서 재빨리 조짐을 알아차리는 것이 모든 환난을 이겨내는 첫걸음임을 여기서도 알 수 있다.

《순자荀子》에 '남상濫觴'이란 말이 나온다. 술잔을 띄울 정도로 양이 적은 물이라는 뜻인데, 장강(長江, 양쯔강)처럼 큰 강물도 그 근원은 술잔을 띄울 정도로 적은 양의 물이었다는 의미로, 나중에 모든 사물의 작은 시발점을 가리키는 말로 발전했다. 중국 대륙을 가로지르는 황하의 발원지도 어느 산골짜기의 작은 계곡 웅덩이라는 얘기가 있는데, 이것이 바로 남상이다.

비슷한 말로 '효시嚆矢'가 있다. 옛날에는 전투 시작을 알리는 신호로 허공에 화살을 쏘았다. 이때 화살이 날아가면서 우는 소리를 낸다고 해서 '울릴 효嚆'자를 써서 효시라 불렀다. 이후 효시는 사물이 비롯된 맨 처음을 비유하는 말로 쓰이게 되었다.

남상이란 말을 처음 한 사람은 공자였다. 공자의 제자 중에 자로子路는 거칠고 직선적인 성격 탓에 '관계패가冠鷄佩猳'라는 말을 들었다. 공자의 제자가 되기 전에 자로의 모습을 묘사하는 말로, 수탉의 깃털로 만든 관모冠帽를 쓰고 수퇘지 가죽으로 만든 허리띠를 맸다는 뜻이다. 그만큼 거칠고 투박하게 살아 온 사내라는 의미이다.

그런 자로가 젊은 시절 어느 날은 엄청 화려한 옷을 입고 오만방자한 자세로 스승을 만나러 왔다. 이런 모양새가 마음에 안 들었던 공자가 혀를 차며 말했다.

> 대륙을 가로지르는 장강은 원래 민산이란 곳의 작은 골짜기에서 발원하는데, 처음 시작할 때 그 근원은 술잔을 띄울 만한 정도였지만 그것이 강과 나루에 이르면 배를 타거나 바람을 피해야만 건널 수 있을 만큼 강물이 많아진다. 지금 너는 의복이 너무 화려하고 얼굴에는 거만한 빛이 가득하니, 누가 너에게 참된 말을 하겠느냐.

하나를 보면 열을 아는 법, 자로가 그런 옷차림과 시건방진 태도로 사람들을 대한다면 누구도 신뢰하지 않을 테니 기본적인 태도부터 바꾸라는 뜻이다.

공자보다 아홉 살 연하로 제자 중에 가장 연장자였던 자로는 이런 훈계를 받은 뒤부터 누구보다 공부에 매달렸고 가장 헌신적으로 공자를 섬긴 인물이 되었다. 후에 공자는 인격자가 된 자로에게 많은 부분 의지했다고 전해진다.

우리는 자주 결심한다. 이것을 하겠다, 저것을 하겠다, 마음을 다져먹곤 한다. 그러나 우리는 자주 작심삼일을 한다. 이래서 안 되고 저래서 어려워 할 수 없다는 핑계를 대며 미루고 포기한다. 그러다 세월의 흔적이 묻은 낡은 경험들에 의존해서 시계추처럼 막연히 오가는 나날들이 쌓이곤 한다.

그래서는 안 된다. 그럴 때마다 시작의 마음을 되살려야 한다. 자신을 돌아보는 시간이 많아야 하고 세상을 향해 질문하는 일도 잊어서는 안 된다. 주변을 돌아보며 자신의 발걸음을 확인하고 처음 마음먹었던 목표를 얼마나 이루었는지 자주 점검해야 한다.

《맹자》〈고자 상告子 上〉편에 '칠년지병 구삼년지애七年之病 求三年之艾'라는 말이 나온다. 지난 7년 동안 앓아 온 병을 고치기 위해 부랴부랴 지난 3년 동안 말린 쑥을 구한다는 뜻이다.

7년 동안 병을 앓았다면 진즉 의원을 찾아가 치료를 받았어야지 이제야 부랴부랴 3년이 지난 말린 쑥을 찾는다면 쉽게 구할 수 있을 리가 없다. 적어도 3년 전에만 의사의 말을 듣고 열심히 쑥을 말렸더라면 지금쯤 귀하게 쓰였을 것이다. 우리들 모두 대부분이 이렇다. 방치하고, 외면하면서 병을 키우는 것이다.

살갗에서 시작된 병이 위와 장 사이에 머물 때까지 내버려 둔 게으름을 이야기한 편작의 예야말로 우리들이 질병을 대하는 공통적인 태도임을 보여주고 있다. 그것은 또한 내 몸은 내가 잘 안다는 자만심과 자신의 생명을 맞바꾸는 어리석음을 저지르지 말라는 충고이기도 하다. 남상이라는 한 마디가 주는 교훈은 이렇게 크고 깊다. 당신의 처음을 기억하라.

자신을 돌아보는 시간을 늘리고, 세상을 향한 질문도 계속하라. 항상 자신의 발걸음을 확인하고, 처음 마음먹은 목표를 얼마나 이루었는지 자주 점검하라. 성공은 그런 노력 끝에 온다.

05

스스로를 꽃피우는 일에 시한은 없다

자기 속의 영웅을 의심하지 마라

눈을 비비고 다시 보다

오나라의 여몽呂蒙은 적수가 없을 정도로 용맹한 장수였다. 당시 오나라 대장군은 수군水軍의 총사령관 주유周瑜로 적벽대전에서의 엄청난 승리에서 보듯 수중전에 최강자였다. 반면에 여몽은 육군으로 위나라 군대와 촉나라 군대에 맞선 피 튀기는 싸움에 항상 선봉에 서서 많은 전투에서 승리를 거두었다.

여몽은 전쟁 수행 능력이나 충성심 등 모든 면에서 타의 추종을 불허했기에 적들은 여몽이 선봉에 섰다면 일단 바짝 긴장하며 대비해야 했다.

하지만 여몽에겐 치명적인 약점이 있었다. 그는 병법서는 물론이고 몇 줄의 편지 한 장 쓰지 못할 정도로 불학무식한 사람이었다. 어느 날 그의 능력을 아끼는 오나라 왕 손권孫權이 여몽을 불러 책을 읽으라고 권하며 이렇게 말했다.

"후한의 광무제는 아무리 바빠도 손에서 책을 놓지 않았고 위나라의 조조는 늙어서도 배우기를 좋아한다고 하오. 장수가 글자를 모르면 안 되니 부디 손에서 책을 놓지 말기를 바라오."

손에서 책을 놓지 않는 것을 '수불석권手不釋卷'이라고 하는데 책은커녕 글자를 모르다니, 연락수단이라곤 글로 전하는 방법뿐인 때이기에 장수가 글을 모른다는 건 상상할 수 없는 재앙의 원인이 될 수 있었다.

고대 중국의 전쟁은 병법兵法의 전쟁이기도 했다. 병법에 나오는 대로 싸우면 무조건 이긴다는 뜻이 아니라 병법의 원리를 터득하고 이를 응용하여 싸움에 적용시켜야 한다는 뜻이다. 그렇다면 더 많은 병법서와 선인들의 지혜가 녹아 있는 책들을 두루 읽어야 한다.

손권으로부터 강력한 충고를 들은 여몽은 그때부터 기초적인 글자부터 배우기 시작하여 하루도 빼놓지 않고 책을 읽음으로써 날로 지식을 쌓아 나갔다.

얼마 뒤 손권의 책사 노숙魯肅이 여몽을 만났다가 깜짝 놀랐다. 그와 몇 마디 대화를 나누다 보니 몰라보게 박식해진 걸 알게 되었던 것이다. 노숙이 연유를 묻자 여몽이 당당히 대답했다.

"선비란 만나서 헤어졌다가 사흘이 지나 만날 때는 눈을 비비고 다시 볼 정도로 달라져야만 한다고 했소."

'눈을 비비고 다시 본다'는 여몽의 말을 '괄목상대刮目相對'라고 한다. 학문이 비약적으로 발전하여 알아볼 수 없을 만큼 훌륭한 인물이 되었다는 뜻이다. 여몽은 이후 전쟁터를 누비며 오나라의 승리에 큰 공헌을 했고, 나중에 주유의 뒤를 이어 대장군이 되었다. 《삼국지》를 저술한 진수陳壽는 여몽을 이렇게 평했다.

용맹하면서도 지략에 능했으니 여몽만한 장수는 없었다.

여몽은 삼국시대의 역사 흐름을 완전히 바꿔놓은 장수이기도 하다. 그가 부하장병들을 지휘하여 1만 병사를 촉나라의 명장 관우를 죽이고 촉나라에 치명적인 타격을 입혔던 것이다.

여몽의 명을 받은 특공대가 세상 누구에게도 패배하지 않을 것 같던 관우를 무참히 꺾었다는 사실도 충격적이지만 더 심각한 일이 있었다. 갑작스런 관우의 죽음은 결과적으로 장비와 유비의 죽음까지 불러옴으로써 촉나라의 운명까지 나락으로 떨어뜨렸다.

장비는 둘째형 관우를 잃은 슬픔을 견디지 못해 술독에 빠져 지내며 부하장수들을 혹독하게 다루었다가 암살당했고, 유비는 복수하겠다며 오나라 땅을 쳐들어갔다가 치욕적인 패배를 당하며 자멸의 길로 치달았다.

늦은 출발이 패배를 뜻하지는 않는다

위나라 장수 최염崔琰은 많은 사람들이 따르는 인격자였다. 조조도 그의 인품을 높이 사서 중요한 직책에 앉혔다. 강직한 성품의 최염은 조조가 펼치는 국가경영 정책에 대해 잘못을 지적하는 말을 자주했다.

그러다 최염은 조조가 천자를 좌지우지하는 것도 모자라 스스로 위나라 왕魏王이 되겠다고 나서자 분을 참지 못하고 조조에게 '임금을 속이는 간사한 도적'이라고 비난했다가 죽임을 당하게 된다.

그에게는 최림崔林이라는 사촌동생이 있었다. 체격이 왜소하고 인물도 볼품없어 일가친척들마저 업신여기는 못난 동생이었다. 심지어 최림의 아버지조차 최염과 비교하며 쓸모없는 자식이라고 윽박지르곤 했다.

어느 날, 최염이 최림을 불렀다. 항상 사촌형에 비교당하며 보잘것없는 인간이라는 말을 들어 온 최림은 이번에도 야단을 맞을 줄 알고 고개를 푹 숙였다. 그런데 사촌형이 뜻밖의 말을 했다.

"큰 종이나 큰 솥은 쉽게 만들어지지 않는다. 큰 인재도 이와 마찬가지다. 너는 후일 반드시 큰 인물이 될 것이니 착실히 공부하고 심신을 닦아라."

최림은 이때부터 사촌형의 말을 가슴에 새기고 열심히 공부했고, 최염의 말대로 나중에 나라에 쓰임을 받는 큰 인물이 되었다. 최림이 황제를 보필하는 자리에서 바른 정치를 위해 활약을 펼칠 때는 위나라 명제 때로, 그는 바로 조조의 손자인 조예曹叡였다.

'큰 종이나 큰 솥은 쉽게 만들어지지 않는다'는 최염의 말은 대기만성大器晩成이라는 고사성어가 되어 후대에 전해졌다. 고대 중국 시대에는 유난히 대기만성의 사람들이 많았다. 고대 중국의 역사를 보면, 일찍 출세하여 이름을 드날리는 사람도 있지만 늦은 나이에 대궐에 들어가 오랫동안 나라를 위해 헌신한 사람이 더 흔했다.

대기만성으로는 한나라를 세운 유방은 독보적이다. 궁벽한 시골에서 태어나 주색잡기를 일삼는 백수건달로 젊은 시절을 보낸 유방은 우연한 기회에 반란군에 가담했다가 한나라의 황제까지 되었는데, 이때 그의 나이 46세였다. 평생의 숙적 항우가 31세에 목숨을 끊었으니 유방이 얼마나 연장자였는지 알 수 있다.

촉나라의 유비도 이에 못지않았다. 관우와 장비 같은 맹장들을 만나 도원결의를 하고 한나라 재건을 꿈꾸며 전쟁터에 뛰어든 유비는 근거지가 없고 세력이 너무 약해서 지리멸렬한 삶을 거듭하다가 47세가 되어서야 제갈량을 만나면서 두각을 나타내게 되었다. 그가 촉한의 황제에 올라 인생의 정점을 찍은 때는 60세 무렵으로, 당시 기준으로 본다면 매우 늦은 나이였다.

망설이지 말고 행동하라

현대는 고령화 사회이기 때문에 나이가 들어도 대기만성을 이루려는 사람들이 많다. 하지만 이들에 대한 세상의 시선은 차갑기만 하다. 20대에 창업하는 사람은 칭찬과 주목을 받아도 50대, 60대에 창업한다면 일단 고개부터 갸우뚱한다. 세상은 여전히 느려터진 거북이보다 재빠른 토끼를 더 높이 평가하는 경향이 있다는 반증이다.

세계적 경제전문지 〈포브스Forbes〉의 출판발행인이자 미래학자인 리치 칼가아드Rich Karlgaard는 《레이트 블루머Late Bloomers》라는 책을 냈다. '늦게 꽃 피는 사람'이라는 뜻의 이 제목은 남보다 늦은 출발과 더딘 과정을 거쳐 목표에 도달한 사람들을 말한다. 작가는 말한다.

> 스스로를 꽃피우는 일에 시한은 없다. 어떤 돌파구를 찾는 일에도 나이 제한이 없다. 우리는 우리 자신의 스케줄대로 꽃피울 수 있고, 반드시 꽃피우게 될 것이다.

나이가 들어서도 위축되지 않고 멈춤 없이 목표 지점에 다가가는 사람은 인생을 멀리 보기 때문에 방해물이 나타나도 망설이지 않고 그냥 앞으로 나아간다. 그런 사람은 언젠가는 자신의 계획대로 꽃피울 수 있고, 반드시 꽃피우게 된다는 게 칼가아드의 믿음이다.

물론 나이는 분명히 문제다. 육체적으로 예전 같지 않고, 세상의 흐름에 둔해져서 젊은 시절보다 정보에 어두운 것도 불리하다. 젊은이들이 동종업계 사람들과 만나 정보를 나누는 것도 부러운 일이다. 나이가 든 사람은 아무래도 같은 일을 하는 동료가 별로 없기 때문이다.

그러나 그들에게는 산전수전 공중전까지 치르며 여기까지 온 경험이 있다. 성공보다 실패가 더 많았을지라도 다시 일어나는 데 이골이 났기 때문에 웬만해서는 흔들리지 않는다. 그러니 당신이 지금 너무 늦었다고 생각하며 주저하고 있다면 니체가 남긴 말을 기억하자.

> 자신의 영혼 속에 있는 영웅을 외면하지 마라. 더 높은 곳을 향한 꿈과 이상을 오래 전 일이었다며 그리운 듯이 말하지 마라. 살면서 어느 사이에 꿈과 이상을 버리게 되면 그것을 말하는 이들을 비웃게 되고 시샘으로 인해 마음이 어지러워진다. 그러면 발전하겠다는 의지나 자신을 극복하겠다는 강고한 마음 또한 버려지게 된다.

누구나 자기 마음속에 영웅 한 사람이 도사리고 있다. 더 높은 곳을 향한 꿈을 버리지 않는 한 영웅은 언제든 날개를 펼칠 것이다. 그렇다, 발전하겠다는 강고한 마음만 있으면 된다. 꽃을 피우는 일에 한도는 없으니 말이다.

스스로를 꽃피우는 일에 시한은 없다. 어떤 돌파구를 찾는 일에도 나이 제한이 없다. 늦었다고 포기하지 말고, 마음속의 영웅이 날갯짓을 할 때까지 노력하고, 또 노력하라.

우물 안 개구리들은 오랫동안 학습된 무기력에 빠져 생존 능력마저 상실해도 깨닫지 못한다. 이렇게 살다가 삶을 마감해도 슬픈 줄을 모른다. 더 큰 비극은 그렇게 살고 싶지 않다는 생각마저도 하지 못한다는 것이다.

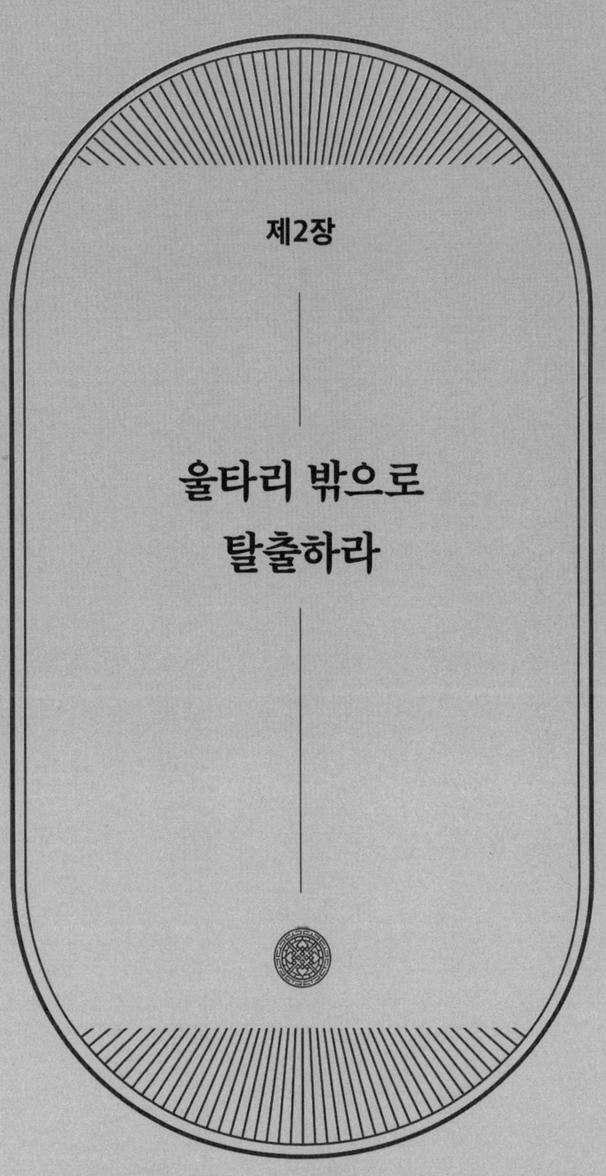

제2장

울타리 밖으로 탈출하라

06

신뢰가 자산이다

적토마의 진짜 주인은 누구인가?

세 개의 성씨를 가진 사람

'삼성가노三姓家奴'라는 고사성어가 있다. '세 개의 성씨를 가진 집안의 종'이라는 뜻으로, 자주 주인을 배반하고 어제까지의 적을 오늘 갑자기 아비로 모시는 등 이랬다저랬다 변덕스럽고 비열하기 짝이 없는 사람을 이르는 말이다.

이 말은 후한시대 말에 한때 세상을 떠들썩하게 장식했던 여포呂布라는 인물을 빗대어 부르는 말이다. 여포는 아버지를 일찍 잃고 방황하던 중에 그이 호걸다운 풍모를 높이 산 정원丁原에게 발탁되어 의부義父로 모시다가 뒷날 정원을 죽이고 동탁董卓에게 투항해 그를 다시 의부로 모셨다.

그 뒤 여포는 초선貂蟬이라는 미인을 놓고 동탁과 반목하다가 초선의 의부 왕윤王允의 꾐에 넘어가 일말의 주저함도 없이 동탁의 목을 베었다.

여포가 세상에서 가장 빠르고 강하다는 적토마를 타고 방천화극方天畵戟이라는 무기를 들고 나타나면 누구든 상대할 자신이 없어 도망치기 일쑤였다. 그래서 생긴 말이 '마중적토 인중여포馬中赤兎 人中呂布'였다. 말 중에는 적토마, 사람 중에는 여포라는 뜻이다.

여포는 워낙 힘이 세고 궁술과 마술馬術에 능해서 말을 타고 날아다니는 장수라는 뜻의 '비장飛將'이라 불렸다. 독수리처럼 날아다녔다는 뜻이니 얼마나 빠르고 강한 장수였는지 알 수 있다.

그러나 여포는 더러운 인성과 기회주의적 처신으로 자기의 능력을 갉아먹음으로써 제 발로 지옥행 마차를 타야 했다. 조조는 여포를 평하기를 도저히 길들여지지 않는 이리새끼 같은 사내라며 고개를 흔들었다. 그런 원한 때문일까? 여포의 목을 벤 사람도 조조였다.

중국사를 다룬 많은 역사책들이 하나같이 여포는 타고난 싸움꾼이기는 하지만 제대로 머리를 쓰지 못하는 사나운 들짐승 같은 장수라고 평한다. 여포는 또한 여색을 너무 밝혀 어디를 가

나 불미스러운 일을 저지르는 인간쓰레기라고 불렀다. 한 마디로 말해서 싸움은 최고지만 인간적인 부분은 빵점이었다는 것이다.

이런 인간은 당연히 적이 많을 수밖에 없고 믿음도 없기 때문에 주위사람들과 적대관계가 될 수밖에 없다. 늘 독불장군으로 살면서 제멋대로 행동했기에 인생을 마감할 때는 손을 내미는 사람 하나 없이 쓸쓸하게 저승길을 가야 했던 여포는 참수형에 처해지기 전에 넋두리처럼 이렇게 말했다.

"내가 부하장수들을 몹시 후대했는데, 위급해지자 모두 나를 배반했다."

자신은 두 번이나 의부를 죽이며 세 번이나 성을 갈고 숱한 사람들을 배반했으면서도 부하장수들이 배반한 것에 섭섭함을 느끼다니, 양심이라곤 쥐뿔도 없는 여포의 인성을 볼 수 있다. 조조는 여포를 교수형에 처한 다음에 완전히 목을 자르는 참형까지 지시해 그를 두 번 죽였다. 그만큼 여포의 더러운 행각에 치를 떨었다는 뜻이다.

여포에게도 기회는 있었다

여포에게도 권력의 꼭대기로 올라설 기회가 분명히 있었다. 그러나 그는 당대의 최고 권력자 동탁을 죽이고 갑자기 찾아온 권력 앞에 어찌할 바를 몰랐다. 막중한 권력의 수레바퀴를 밀고 나가기에는 너무 무지했고 아무 계획 없이 닥치는 대로 일을 저질렀기 때문이다.

더구나 또 다른 문제도 있었다. 동탁과의 사이를 이간질했던 초선의 의부 왕윤과 조금씩 틈새가 생기기 시작했다. 여포가 동탁의 잔당을 사면할 것과 동탁이 남긴 재물도 공경대신과 장교들에게 골고루 나눠 주자고 말하자, 왕윤은 머리를 흔들었다. 이게 시작이었다.

왕윤은 차제에 황제에 위협이 되는 세력을 모두 제거하고 한나라 왕조를 다시 튼튼하게 일으키고 싶었을 뿐, 여포는 그러기 위한 도구에 지나지 않았다. 왕윤은 여포를 단순히 무식한 칼잡이라고 여겨 함께 일할 생각이 전혀 없었다.

왕윤은 여포를 대신해서 한나라를 굳건히 다시 세울 인물을 찾아야 했다. 그러나 평생 글만 읽고 정치만 논했던 왕윤이 그런 계책을 내기에는 역부족이었다. 따라서 언제든 동탁과 흡사한 인물이 나타나면 시간의 문제일 뿐 한나라 왕조는 반드시 흔들리게 되어 있는 것이었다.

살아남을 꾀를 내기에는 여포도 역부족이었다. 동탁의 휘하 장수들의 사면 요청을 왕윤이 거부하자 10만의 병사를 이끌고 대궐로 몰려들었다. 동탁의 부하들이 쳐들어오면 여포가 배신자로 처단을 당할 게 뻔한 일이었다. 그러나 여포의 생각대로 굴러가지 않았다. 권력이 그냥 여포의 손에 쥐어지도록 놔두고 볼 수 없는 다른 군벌 세력들이 득달같이 달려와 여포의 부하들을 짓밟아 버렸기 때문이다.

여포는 불과 수백 명의 병사만 이끌고 아무 짝에도 쓸모없는 반란의 전리품인 동탁의 머리를 움켜쥔 채 방랑을 거듭하고, 그러면서도 또 다른 배신을 반복하면서 다시 일어설 기회를 모색했지만 끝내 그러지 못했다.

여포는 '마중적토 인중여포'라는 말도 무색하게 자신의 시대를 한 차례도 소유하지 못했다. 결국 말 중에는 적토마일지 몰라도 사람 중에 여포는 아니었다. 그건 당연한 일이었다. 걸핏하면 배신하고 마음에 들지 않으면 잽싸게 돌아서 버리는 비열한 인성이라 누구도 믿고 따르는 사람이 없었기 때문이다. 힘만 믿었던 자의 말로는 비참하고 허무했다.

관우, 적토마를 만나다

여포가 타던 적토마는 주인을 잃은 다음 누구에게 넘어갔을까? 하루에 천 리를 달린다는 적토마를 타고 전장을 누비려면 시시한 장수한테 갈 수는 없다. 명마의 명성에 걸맞은 장수가 새 주인이 되어야 적토마도 살고, 장수도 산다.

적토마의 새 주인은 뜻밖에도 관우였다. 천하제일의 명마 적토마가 왜 뜬금없이 관우에게 넘어갔을까? 여기엔 사연이 있었다. 여포가 조조에게 붙잡히면서 적토마는 당연히 조조의 손에 들어갔다. 그런데 얼마 뒤 관우가 위나라 땅을 공격했다가 위나라 군대에 패하는 바람에 항복하고 만다.

포로가 되어 조조 앞에 끌려온 관우를 보며 조조는 감격의 환호성을 질렀다. 조조는 오래 전부터 관우를 자기 사람으로 만들고 싶어 했기 때문에 당장 적토마라는 귀한 선물로 환심을 사려고 했다.

그러자 관우는 적토마 선물은 받아들였지만 언젠가 유비에게 돌아가겠다고 선언했고, 나중에 조조는 그 약속을 지켰다. 그 뒤 유비에게 돌아간 관우는 적토마를 타고 수많은 전투에서 큰 공을 세웠다.

그가 붉은 얼굴에 가슴까지 내려오는 수염을 흩날리며 청룡언월도青龍偃月刀를 들고 전장을 누비는 모습은 장관이었다. 한 장수가 백 명의 군대를 상대해 이긴다는 일당백一當百 이야기가 여기서 비롯되었다.

관우는 키가 9척(207센티미터)이 넘고 수염 길이가 2자(46센티미터)를 넘었다. 이런 사람이 적토마에 올라 전장을 누빌 때는 마치 산꼭대기에서 아래를 내려다보는 것처럼 우뚝하고 장대한 모습이었을 것이다.

언제나 백전백승인 장수인데다 너그럽고 의리 있으며 충성심도 높으니 존경하지 않는 사람이 없었다. 오죽하면 관우를 성인 반열에 올려놓고 사당을 짓고 제를 올리는 풍습이 전해졌을까? 그만큼 관우가 신뢰의 상징으로서 숱한 사람들의 존경을 받았다는 뜻이다.

같은 말을 타더라도 여포와 관우는 이렇게 달랐기에 적토마 또한 주인을 대하는 자세가 달랐다. 한참 세월이 흐른 뒤에 관우가 오나라 병사들에게 죽임을 당하자 적토마는 누구에게도 충성하지 않고 스스로 굶어죽음으로써 주인의 뒤를 따랐다고 한다.

여포와 관우, 제각기 같은 적토마의 주인이었던 두 사람은 천지 차이의 인격에서 운명이 갈렸고 한 사람은 배신의 아이콘, 또 한 사람은 충의忠義의 아이콘으로 후세 사람들에게 기억되고 있다.

장수가 충성과 의리를 굳게 지키며 살아가는 일은 그때그때의 이득에 따라 처신하는 배신자로 살기보다 훨씬 더 어렵다. 관우는 그 힘든 길을 죽는 날까지 지켰지만 여포는 그와 반대로 살다 비참하게 죽었다.

그러니 오히려 '마중적토 인중관우'로 바꿔야 맞을 것이다. 세월이 아무리 흘러도 충성과 의리의 아이콘 관우가 남긴 감동은 퇴색하지 않으니 더 그렇다.

여포의 삶을 통해 다시 깨닫게 되는 것이 있다. 아무리 출중한 능력의 소유자라도 다른 사람들의 신뢰를 잃어버리면 소용이 없다는 점이 그렇고, 죽어서도 누구 하나 아쉬워하지 않는 인간이라면 그런 인생은 쓰레기에 지나지 않는다는 것이다.

그렇다. 사람을 살리고 죽이는 것은 칼이 아니라 신뢰다. 사람에 대한 믿음이 그를 강하게 만든다. 당신은 그런 신조로 살고 있는가?

사람을 살리고 죽이는 것은 칼이 아니라 신뢰다. 신뢰라는 무기로 승부하는 사람만이 오랫동안 주변의 인정을 받으면서 성공 가도를 달리게 된다. 당신은 그렇게 살고 있는가?

07

울타리 밖으로 탈출하라

세상의 모든 우물 안 개구리들에게

강의 신, 바다에 가다

유방劉邦이 건국한 한漢나라는 천하를 통일한 강대국이었지만 중국 대륙이 워낙 넓은 땅덩어리라 여러 지역에 오랑캐들이 출몰하는 등 혼란이 지속되었다. 이들은 주로 대륙의 변방을 거점으로 약탈과 살육을 일삼았는데 이들을 제거하기 위해 장수들을 파견하면 한동안 뜸했다가 다시 노략질을 거듭했다.

이민족 오랑캐들 중에서 특히 오늘날의 구이저우성貴州省에 해당하는 대륙의 서남부 지역에 터를 잡은 야랑夜郎이라는 무리가 제법 세력을 키워 주변의 오랑캐들을 제압하고 제왕처럼 굴었다.

당시 야랑의 수령은 스스로 제후라 자칭하며 야랑국이 천하제일의 대국이라고 떠벌였다. 그럴 만도 했다. 몇 날 며칠 말을 달려도 끝없이 넓은 땅과 1년 내내 온화한 날씨 덕분에 백성들이 배불리 먹으며 잘 살고 있으니 말이다. 그러니 그는 야랑국이 세상에서 가장 큰 나라이고 그들의 땅의 한복판을 흐르는 강이 세상에서 가장 길다고 믿어 의심치 않았다.

한 번은 한나라 황제의 명을 받은 신하가 인도로 가던 중에 야랑국을 통과하게 되어 이곳의 수령을 찾았다. 이때 야랑의 수령이 한껏 으스대며 물었다.

"한나라와 야랑국 중 어느 나라가 큰가?"

한나라의 신하가 어이없어 하며 대답했다.

"한나라는 전국적으로 수십 개의 군현郡縣을 거느리고 있는데, 야랑의 영토는 그중 한 군데 땅보다 작습니다."

수령은 믿을 수 없다며 머리를 흔들면서도 벌어진 입을 다물지 못했다. 자기들의 땅보다 수십 배는 더 크다니 상상조차 할 수 없었기 때문이다.

여기서 나온 고사성어가 바로 '야랑자대夜郎自大'이다. 야랑이 스스로를 세상에서 가장 크다고 생각한다는 뜻으로 우물 안의 개구리처럼 자기 분수를 모르고 위세를 부리는 사람을 가리키는 말이다.

《장자》〈추수秋水〉편에는 황하에 사는 물의 신 하백河伯이 황하의 끝을 보려고 동쪽으로 내려갔다가 난생 처음 바다를 보게 되었고, 엄청나게 큰 세상에 감탄했다는 이야기가 나온다.

하백은 황하의 넓고 풍부한 물에 항상 감탄하며 자신이 세상에서 가장 큰 물에서 살고 있다고 생각해 왔는데 바다에 나가 보고 나서야 그것이 착각이었음을 깨닫게 되었다. 이에 바다의 신 약若이 하백에게 말했다.

"우물 안 개구리에게 바다를 말해줘도 소용이 없는 것은 그가 사는 곳에 매어 있기 때문이고, 여름매미에게 얼음을 말해줘도 소용이 없는 것은 그가 시절에 묶여 있기 때문이다. 지금 그대가 비로소 자신의 어리석음을 깨달았으니 이제야말로 큰 이치를 말할 수 있게 되었다."

여름매미는 더운 날씨가 끝나면 죽게 되므로 겨울이 무엇인지 알지 못하고 얼음이 무엇인지 모른다. 그럼에도 여름매미는 날씨만 뜨거워지면 목청껏 노래할 수 있다고 자랑하듯이 소리를 높인다.

독 안의 초파리

이런 상황은 공자마저도 우려했다. 공자가 30세 때, 83세의 노자를 만나 도道에 대해 대화를 나누고 나서 제자들에게 이렇게 말했다.

"나의 학문은 독 안의 초파리 같이 변변치 않구나."

노자의 학문에 비해 형편없이 모자란 실력임을 깨달은 공자의 탄식이다. 이때부터 공자는 학문에 더욱 정진하여 만인의 스승이 되었다.

독 안의 초파리 같은 신세를 '옹리혜계甕裏醯鷄'라 하는데, 우물 안의 개구리처럼 세상을 보는 눈이 매우 좁다는 뜻이다. 아무리 힘차게 날갯짓을 하며 날아다녀도 기껏해야 독 안에 들어 있으니 그 신세가 한심하다.

문제는 자신이 초파리만도 못한 존재임을 깨닫지 못하고 여기저기 함부로 나대며 설치는 사람이 너무 많다는 것이다. 자기 틀에 박혀 살면서 자신의 생각을 남에게 강요하는 사람이 그렇고 자기 세계에 매몰되어 남의 의견에는 아예 귀를 닫는 사람도 마찬가지다.

이런 사람이 리더의 자리에 앉아 있다면 조직의 미래는 보나마나다. 경영자가 오래된 경영 방법에만 매달려 시대 흐름을 외면

한다면 경쟁자들에게 밀리는 것은 시간문제이고 현재에 안주하며 도전을 회피하면 망하는 것도 금방이다. 여기 대표적인 사례가 있다.

핀란드의 글로벌 통신회사 노키아NOKIA는 1865년에 설립된 세계적인 기업으로, 다른 기업보다 한 발 앞서 휴대전화 사업에 뛰어들어 오랫동안 전 세계 휴대전화 분야 시장점유율 1위를 차지할 정도로 잘 나갔다.

그러나 이 회사의 최고경영자는 세계 1위라는 자기만족에 취해 변화해야 한다는 사실을 잊고 있었다. 그러다 2011년을 기점으로 스마트폰과 태블릿 PC 등 모바일 중심으로 흘러가는 휴대전화 시장을 제대로 파악하지 못하고 삼성전자, 애플, LG 등에 추격당하기 시작했다.

그 뒤에 계속된 적자의 충격은 컸다. 결국 노키아는 2013년 휴대전화 사업 부문을 미국의 마이크로소프트에 매각하고 말았다. 변화를 일찍 감지하여 태세 전환을 하지 못한 결과 그들은 세계 1위는커녕 경쟁 자체에서 탈락하는 비극을 맞았다.

노키아가 이렇게 한순간에 무너진 이유에 대해, 전문가들은 비대해진 조직과 안일한 시장 대응을 꼽는다. 14년에 걸친 세계시장 장기집권이 독이 된 셈이다.

전문가들은 경영자들의 능력 차이는 변화의 시점을 얼마나 재빨리 알아내느냐에 달려 있다고 말한다. 변해야 할 때 변하지 못하고 과거의 성공에 머물러 있는 한 그 회사는 몰락할 수밖에 없다는 것이다.

이런 회사는 우리나라에도 많다. 한때 동종업계 선두자리를 지키던 회사가 후발주자에게 점점 세력을 잠식당하고, 시장을 쥐고 흔들던 기업이 한 순간에 나락으로 떨어진 경우 말이다. 시장이 변화를 요구하는 데 독야청청 자기만의 길을 고집하면 혹독한 결과가 뒤따른다는 사실을 이런 기업들이 온몸으로 말해 준다.

세상을 제대로 보지 못하는 비극

우물 안 개구리 이야기는 결국 세상을 제대로 보지 못하는 이의 비극에 관한 교훈이다. 그것은 무사안일에 빠져 지금이 어느 세상인지 알지 못하면 낙오자가 될 수밖에 없다는 뼈아픈 교훈이다.

우물 안 개구리들은 오랫동안 학습된 무기력에 빠져 생존 능력마저 상실해도 깨닫지 못한다. 이렇게 살다가 삶을 마감해도 슬픈 줄을 모른다. 더 큰 비극은 그렇게 살고 싶지 않다는 생각마저도 하지 못한다는 것이다.

리처드 바크의 《갈매기의 꿈》은 틀에 박힌 삶을 거부했던 한 갈매기를 통해 저마다의 꿈과 이상을 추구하는 일이 얼마나 중요한지를 가르쳐 주는 책이다.

주인공인 조나단이라는 갈매기는 다른 모든 갈매기들이 하늘을 나는 것을 일상의 단순한 일로 생각하면서 먹이를 얻기 위해 그냥 비행하는 것 외에는 아무것도 배우려고 하지 않은 현실이 안타깝다.

조나단은 어릴 적부터 마음껏 날갯짓을 하여 하늘을 날 수 있는 자유를 꿈꾸며 혼자서 연습을 계속한다. 하지만 조나단의 꿈은 갈매기 사회의 오랜 관습에 벗어나는 것이어서 금세 이단아로 취급된다. 결국 조나단은 다른 갈매기들로부터 따돌림을 당하고, 마침내 갈매기 무리로부터 추방을 당하고 만다.

그러나 조나단은 동료들의 외면과 자신의 한계에 좌절하지 않고 피나는 수련을 계속하여 완전한 비행 기술을 터득하게 되고, 갈매기의 한계를 넘어 하늘을 무한히 날 수 있는 자유를 만끽하게 된다.

그 뒤 조나단은 동료 갈매기들에게도 자신이 터득한 자유를 전수하기를 원해 그들을 이끌게 된다. 이제 그들에게 주어진 운명의 한계를 벗어나는 일이 얼마나 중요한지를 알게 된 많은 갈매기들이 조나단의 뒤를 따라 마음껏 허공을 가른다. 조나단은 말한다.

가장 높이 나는 새가 가장 멀리 본다.

조나단은 우리에게 눈앞에 보이는 것에만 매달리지 말고 멀리 앞날을 내다보며 저마다 마음속에 품은 꿈과 이상을 좇아가라고 가르친다. 우물 안에 안주하지 말고 우물 밖으로 나가라는 외침 말이다.

변화는 두려운 일이다. 현실안주가 편하고 안전하다. 그러나 인생에서 변화해야 할 시점에 그러지 못하다가 낙오자가 된 이야기는 지천으로 널려 있다. 퇴보한다는 것은 낭떠러지로 직행할 가능성이 크다는 얘기다.

갈매기 조나단처럼 도전해야 한다. 그래야 더 넓은 세상에서 마음껏 자신의 삶을 외칠 수 있다. 당신은 어떤가? 답은 간단하다. 우물 밖으로 뛰쳐나가서 드넓은 세상과 부딪치는 것, 깨지고 부서지더라도 인생은 거기서 승부가 난다.

> 성공은 변화 시점을 얼마나 재빨리 알아내느냐에 달려 있다. 변해야 할 때 변하지 않고 과거의 성공에 머물러 있는 한 성공은 남의 이야기에 지나지 않는다. 당신은 변화에 항상 민감한가?

08

오늘의 결단을 내일로 미루지 마라

임시로 때우는 눈가림의 결말

미봉은 병법에서 나온 말이다

'미봉彌縫'이란 옷의 일부가 찢어지거나 터진 것을 임시로 깁는다는 뜻으로, 임시변통으로 땜질한다는 의미로 널리 쓰인다. 따라서 미봉책이란 부족하거나 모자란 부분을 보완하는 계책으로 해석할 수 있다.

미봉책은 병법에 나오는 말이다. 춘추시대 주나라 환왕桓王이 정나라와 전쟁을 벌였는데, 정나라가 미봉책으로 큰 승리를 거둔 데서 유래되었다. 당시 주나라는 여러 제후국을 거느린 천자天子의 나라였다. 그럼에도 주나라는 점점 국력이 기울면서 제후국들이 저마다 세력을 키워 으르렁거리는 와중에 천자국의 위상을 상실했다.

이에 환왕은 어떻게 하면 주나라를 바로 세워 천자국의 위상을 되찾을지 고민하다가 먼저 정나라를 침공하여 막강함을 천하에 보여주겠노라고 생각했다.

그러나 이것은 처음부터 잘못된 계책이었다. 정나라는 오히려 주나라를 압도할 만큼 강한 나라였기 때문이다. 그럼에도 환왕은 일단 전쟁을 벌이기로 하고, 이에 앞서 정나라에 제후국의 지위를 박탈하는 조치를 취했다. 하지만 이것은 울고 싶은데 뺨을 때린 셈이었다.

제나라 제후 정공은 이런 조치에 무서워하기는커녕 오히려 제후로서 정기적으로 천자를 배알하는 조현朝見을 중단해 버렸다. 이것은 천자를 더 이상 인정하지 않겠다는 통첩이자 덤빌 테면 덤비라는 협박이었다.

그렇다면 싸울 일만 남았다. 환왕은 각 지역의 제후들에게도 참전을 명했다. 이에 진나라, 위나라 등 몇몇 제후국이 마지못해 참전했고, 환왕은 자신이 직접 정벌에 나서겠다고 선언했다. 천자가 직접 병사들을 이끌고 싸움에 나가는 것을 '자장격지自將擊之'라고 하는데, 이런 일은 춘추시대 240여 년 동안 처음 있는 일이었다.

마침내 정나라 땅에 도착한 주나라 군대가 정나라 군대와 마주했다. 주나라는 여러 나라가 합세한 연합군이기 때문에 겉으로 보면 세력이 대단해 보였지만 장공은 대장군의 작전 계획을 들으며 빙그레 웃고 있었다.

"저들 연합군 중에서 진나라와 위나라 군대는 억지로 끌려온 오합지졸이어서 싸울 의지가 없을 테니 먼저 저놈들부터 공격하는 게 좋겠습니다. 저놈들부터 무너지면 나머지 군사들도 혼란에 빠질 것입니다."

이때 장공은 전차와 전차 사이를 보병으로 메워 틈을 없애는 전략을 썼다. 원래 미봉책은 이렇게 빈 틈 없이 꼼꼼하게 만든다는 뜻이다. 그들은 먼저 진나라 군대 쪽부터 물밀 듯이 쳐들어갔다. 적군은 한 치의 빈틈도 없이 완벽한 진열을 이룬 거대한 장벽이 몰려오자 당장 기가 질리고 말았다.

진나라 군대는 정나라 대장군의 예상대로 제대로 싸워 보지도 않고 냅다 도망치기 시작했다. 그러자 위나라 군대도 뒤따라 도망쳤고, 결국 주나라 연합군은 처참히 패하고 말았다. 이 전투에서 환왕은 어깨에 화살을 맞고 황급히 물러나고 말았다.

임시로 해결하는 눈가림

사전에서 '미봉책'의 뜻을 찾아보면 잘못된 일을 근본적으로 해결하지 않고 부분적으로만 임시로 해결하는 눈가림 대책이라고 풀이한다. 우리 주변엔 이런 일이 아주 많다. 도심에 있는 3층 건물이 언젠가부터 벽에 금이 가고 뭔가 뒤틀리고 어긋나는 소리가 났다.

건물주는 입주자들이 항의를 해도 천하태평이었다. 지은 지 10년밖에 안 된 건물이라 안심해도 된다고 했다. 그래도 항의가 계속되자 금이 간 곳을 시멘트로 땜질하고 건물을 떠받치는 지지대를 설치했다. 건물주는 그 뒤로 이따금 건물을 둘러보다 갈 뿐 어떤 조치도 취하지 않았다.

그러다 두 달 후에 건물이 붕괴되어 사망자가 나오고 여러 사람이 다쳐 병원에 실려 가는 사태가 벌어지고 말았다. 동네사람들은 10년도 안 됐다는 건물이 내려앉은 것도 문제지만 문제가 있음을 알고도 임시변통으로 때우다 변을 당한 건물주의 태도를 나무랐다.

하석상대下石上臺라는 말이 있다. 아랫돌을 빼서 윗돌을 괴고 윗돌을 빼서 아랫돌을 괸다는 말로 임시변통으로 이리저리 둘러

맞춘다는 뜻이다. 미봉책과 뜻이 쌍둥이처럼 닮은 고사성어다.

우리 사회는 불행하게도 무너진 건물의 건물주처럼 '설마……' 를 남발하며 긴급 상황에 대비하지 않는 사람들이 너무 많다. 심지어 정부 관리들조차 임시변통의 미봉책으로 위기를 모면하는 경우도 있다.

대표적으로 부동산 정책이 있다. 언젠가 TV 프로그램에서 정부를 대표해서 나온 고위관리가 당시 사회문제로 떠들썩했던 부동산 대책을 발표하는 걸 보여주었다. 시의적절한 내용에 관리가 내놓는 대책이 설득력이 있어서 한참 보았는데, 나중에 알고 보니 참고 영상으로 10년 전 방송을 다시 돌려본 것이었다.

그 방송은 정부가 10년 전이나 지금이나 매번 내놓는 대책이 아랫돌을 빼서 윗돌을 괴고, 윗돌을 빼서 아랫돌을 괴는 것에 불과하다는 사실을 보여주는 게 목적이었다. 10년 전에 정부의 요란한 대책 발표에도 여전히 문제가 살아 있다는 사실이 너무 놀라운 일이었다.

큰 사건이 일어나면 정부가 떠들썩하게 대책을 발표하지만 단지 그때뿐, 얼마 안 가 어김없이 제자리로 돌아온다. 전형적인 미봉책 탓이다. 몇 년 있으면 다시 문제가 일어나고, 그러면 다시 몇 년 전의 대책을 재탕 삼탕 우려먹는다.

이런 일은 건설 현장에서도 자주 일어난다. 얼마 전에 광주에서 어느 대형 건설사의 아파트 신축 공사장에서 붕괴 사고가 일어나 시민 9명이 사망하는 일이 있었다. 그러자 관련부처 장관은 이렇게 말했다.

"이런 대형사고가 재발하지 않기 위해서는 안전 보건 관리 체계 구축 지원뿐 아니라 수사에 있어서도 엄정해야 할 것이다."

그렇게 높은 자리에 앉아 있는 사람이 하나마나한 이야기를 이렇게 태연하게 하다니, 황당하다 못해 한심하다는 생각이 들었고, 낡은 레코드판을 계속 돌려대는 것 같아서 너무 화가 났다.

어느 회사의 하석상대

문제가 터질 때 미봉책으로 해결하는 회사가 있다면 어떨까? 문제의 근본을 잘라내지 않으면 암 덩어리가 되어 몸을 썩게 할 텐데도 기업사회에서 이런 일은 의외로 많다면 믿겠는가? 여기 그런 회사가 있다.

K씨는 의류회사 영업과장이다. 40세로, 현재 직장에서 15년째 근무 중이다. 성실하고 밝은 성격에 노력형으로 매년 높은 실적을 올리고 있어 회사의 신임이 두텁다.

그러나 그에게는 남모르는 고충이 하나 있었다. 고충이라기보다는 그가 스스로 만든 감옥에 갇혀 있다고 해야 할 것이다. 그것은 그가 회사 제품과 유사한 짝퉁 옷을 만들어 은밀히 유통시키고 있었기 때문이다.

언제 발각될지 모르는 상황에서 그는 큰돈이 들어오는 유혹을 떨치지 못해 멈추지 못하고 있다. 처음엔 아주 작게 시작했다. 회사에서 하청을 준다는 명목으로 거래처를 두고 본사 제품의 짝퉁 상품을 소량 생산했다. 여기에 본사 라벨을 붙여 지방 도매상들에게 파는 것이니 들킬 일이 없었다.

그러다 본사로 불량품의 반품이 들어오는 바람에 발각되고, 범인으로 밝혀지자 당장 사직을 권고 받았다. 그런데 이때 그에게 손을 내민 사람이 있었다. 영업부장이었다. 언젠가 이런 날이 올지 모른다는 불안감에 그에게 매월 거액의 상납금을 건넨 결과였다.

부장은 K의 영업 실적이 워낙 우수하고 거래처에서도 원하니 이번 한 번만 용서하자고 건의했고, 받아들여졌다. 기사회생한 그는 한동안 회사 업무에만 집중했지만 머리에서 돈다발이 어른거리는 걸 참기 어려웠다.

2년 후 그는 같은 짓을 다시 저질렀다. 언제 또 걸리지 모르기에 크게 한탕하자는 생각에 대량생산에 들어갔다. 그러다 이번에도 다량의 불량품이 발견되고 항의와 반품이 쏟아지는 바람에 또 발각되고 말았다.

결국 K는 철창신세를 지게 되었고 영업부장은 파면되었다. 회사가 K에게 요구한 배상액은 10억 원이 넘었는데, 그는 주식투자로 다 날렸다며 오리발을 내밀었다.

회사는 처음에 K를 용서하지 말았어야 했다. 그를 비호한 영업부장도 마찬가지다. 그러나 회사는 온정주의로 미봉하다가 더 큰 손해를 입고 말았다. 회사가 무너진 기강과 손실액을 바로 찾는 데는 많은 시간이 필요할 것이다.

어느 기업이라도 다 마찬가지다. 어떤 문제에도 미봉책으로는 안 된다. 언젠가는 독버섯처럼 다시 솟아나 기업의 근본을 흔들기 때문이다. K의 경우는 바로 이러한 교훈을 주기에 충분했다.

우리가 미봉책이나 하석상대라는 고사성어에서 배울 점은 악습의 뿌리를 제거하는 결단을 늦추지 말라는 것이다. 오늘 할 일을 내일로 미루지 말라는 말은 그냥 생긴 것이 아니다.

> 문제가 있다면 뿌리부터 바꿔야 한다. 근본적인 해결 없이는 결코 성장할 수 없기 때문이다. 미봉책으로는 언젠가 문제가 다시 터져 근본을 흔들게 된다는 점을 잊지 말아야 한다.

09

항상 만약의 사태에 대비하라

사후약방문이라도 필요하다

죽은 다음에 나온 처방전

초나라 양왕襄王이 간신배들과 연일 질펀하게 술잔치를 벌이며 시간을 보내고 있었다. 이에 대신 장신莊辛이 양왕에게 사치한 생활을 멈추고 간신배들을 멀리하여 바른 정치를 펼칠 것을 간언했다.

그러나 장신의 간절한 요청에 양왕은 도리어 폭언을 퍼부으며 한심한 생활을 멈추지 않았다. 이에 장신은 양왕이 있는 한 초나라는 희망이 없다고 여기고 조나라로 건너갔다.

얼마 뒤 진나라가 초나라를 침공했다. 전쟁에 전혀 대비하지 않았던 양왕은 싸울 엄두를 내지 못하고 부랴부랴 다른 나라로 망명했다. 양왕은 그제야 장신이 옳았음을 깨닫고 장신에게 사람을 보내 이제 어찌해야 할지를 물었다. 이에 장신이 대답했다.

"토끼를 보고 나서 사냥개를 불러도 늦지 않고, 양이 달아난 뒤에 우리를 고쳐도 늦지 않습니다."

이때 생긴 고사성어가 바로 망양보뢰亡羊補牢로, 울타리가 허술해 우리에 가두었던 양을 잃어버리고서야 비로소 그 일에 대비한다는 뜻이다. 장신의 말에 정신을 차린 양왕은 이후 조국으로 돌아와 국가 재건에 힘써 현명한 신하들을 많이 중용하고 군사력도 키워서 초나라를 전국칠웅戰國七雄의 하나로 만들었다.

전국칠웅이란 전국시대를 주도했던 7개의 강대국들로 진나라, 초나라, 제나라, 연나라, 조나라, 위나라, 한나라 등을 말한다. 그 뒤, 이들의 오랜 반목을 잠재우고 천하를 통일한 사람이 바로 진시황제이다.

비슷한 말로 사후약방문死後藥方文도 있다. 죽은 다음에 처방이 나온다는 말로 어떤 일에 낭패를 본 뒤에야 비로소 그 일에 대비한다는 뜻이다.

소가 도망쳤는데 외양간이 무슨 소용이 있겠는가? 그래도 외양간은 고쳐야 한다. 그래야 다음에 소들이 도망치지 않을 테니 말이다. 환자가 죽은 다음에 아무리 좋은 처방이 나온들 무슨 소용

있겠는가? 하지만 사후약방문이라도 필요하다. 그래야 다른 사람이 같은 병으로 위급할 때 긴요하게 사용될 수 있기 때문이다.

나라의 외양간이 무너지도록 주색잡기에 빠져 있는 왕과 소가 도망치도록 외양간을 손보지 않은 주인의 태만이 정작 문제다. 항시 강대국의 침략 위험성을 안고 살아야 하는 약소국의 왕이고 언제라도 소가 가출할 수 있는 위험성을 안고 있는 외양간 주인이라면 유비무환의 정신이 필요한데 말이다.

따라서 옛사람들은 '곡돌사신曲突徙薪'의 정신을 잊지 않았다. 화재를 미리 방지하기 위해 굴뚝을 구부러지게 만들고 아궁이 부근의 나무를 멀찌감치 옮겨놓는다는 말로, 환란을 미리 예방한다는 뜻이다.

옛날에는 나무가 연료의 전부였기 때문에 이로 인한 화재 피해가 극심했다. 굴뚝에서 튄 불씨가 초가지붕에 옮겨 붙어 불이 나거나 아궁이 주변에 있던 나뭇가지에 불이 붙어 대형사고가 나곤 했다. 곡돌사신은 이러한 피해를 사전에 예방하는 대책의 하나였다.

한나라 때, 한 행인이 어느 집 앞을 지나다 그 집의 굴뚝이 너무 반듯하게 세워져 있고 부근에 땔나무가 잔뜩 쌓여 있는 걸 보게 되었다. 행인이 주인에게 말했다.

"당장 굴뚝을 구부러지게 만들고, 땔나무는 다른 곳으로 옮기

십시오."

주인은 나그네의 충고를 귀담아듣지 않았다. 그러던 어느 날 그 집에 정말로 큰 불이 났다. 마을사람들이 달려와 불을 꺼주자 주인이 사람들에게 고마움의 표시로 잔치를 베풀었다. 이때 한 사람이 말했다.

"그때 행인의 말을 들었다면 불이 날 일도 없고 이렇게 잔치를 베풀어 돈 쓸 일도 없었을 것이오. 행인의 충고는 무시하고, 우리를 대접하니 앞뒤가 맞지 않는 일이오."

왜 같은 사고가 반복되는가?

60대 운전자가 어린이보호구역에서 만취 상태로 자동차를 몰다 인도로 돌진해서 때마침 길을 걷던 아홉 살 어린이를 치어 숨지게 하고 함께 있던 초등학생 3명을 다치게 하는 사고가 일어났다.

사고 시간은 오후 2시 20분쯤으로, 운전자는 동료들과의 점심 식사를 하며 술을 마셨다고 했다. 그렇다는 것은 집을 나설 때부터 음주를 예상했다는 얘기다. 사건의 핵심은 이것이고, 다른 음주운전자들도 마찬가지다. 분명히 인지하고 술을 마셨고, 운전대를 잡은 것이다.

이런 뉴스를 하루가 멀다 하고 듣는다. 도대체 왜 이러는 것일까? 언론을 통해 음주운전 사고의 끔찍한 광경을 자주 목격하면서도 왜 이런 일이 그치지 않는 것일까? 음주운전이 한 가정을 파괴하는 엄연한 살인죄인데도 왜 이렇게 빈번히 사고가 일어나는 것일까?

전문가들은 음주운전자들이 '설마 내게 그런 일이 일어나겠어?'라고 생각한다고 한다. 사회 곳곳에 퍼져 있는 '설마병'은 겁을 상실하게 만든다는 게 문제다. 한순간의 겁 없는 행동이 인생을 망치는 것이다.

설마 사고가 나겠어? 설마 문제가 생기겠어? 등등 '설마'라는 덫에 빠져 자신만은 예외라고 생각한다. 그래서인지 우리 사회는 인재人災로 인한 사고의 연속이다. 모두 설마라는 병에 걸린 탓이다.

'설마'라는 병의 위험성은 역사책 곳곳에서 볼 수 있다. 설마가 사람 잡는다는 말도 있지만, 설마가 나라까지 잡는 경우가 꽤 있다.《한비자》에도 설마를 외치다가 나라를 망해먹은 왕 이야기가 나온다.

진晉나라 헌공獻公은 괵虢나라를 공격하고 싶었는데, 그러려면 반드시 우虞나라를 거쳐 가야만 했다. 헌공은 먼저 우나라 왕에게 값비싼 옥과 명마를 선물하며 길을 빌려 달라 청했다. 그러자 우나라의 신하들이 펄쩍 뛰며 반대했다.

"이는 필시 우리나라까지 먹어치우려는 계략이니 반드시 거절해야 합니다."

그럼에도 값나가는 선물에 눈이 먼 우나라 왕은 설마 침략을 하겠느냐며 길을 열어 주자고 우겼다. 왕이 하도 원하자 신하들도 어쩔 수 없이 입을 다물 수밖에 없었다.

결국 왕은 진나라 병사들이 지나가도록 길을 열어 주었는데, 진나라는 괵나라를 정벌한 후 얼마 지나지 않아 사소한 트집을 잡아 우나라를 괴롭히더니 무자비하게 침략하여 나라를 빼앗고 선물로 주었던 옥과 명마까지 되찾아갔다. 어리석은 왕의 설마병은 오늘날 습관처럼 음주운전을 하는 사람들과 똑같다.

편안할수록 위태로울 때를 생각하라

'거안사위居安思危'라는 말이 있다. 편안할 때일수록 위태로울 때를 생각해 대비하라는 말이다. 이 말이 갖는 함의는 매우 크다. 인간의 심리는 편안할 때는 더 편해지기를 바라며 내일에 대한 대비는 생각하지 않기 때문이다.

춘추전국시대를 비롯해서 후한말의 혼란기에도 중국 대륙은

약육강식의 싸움이 그치지 않았다. 약해 보이면 반드시 먹어치우려는 강자의 탐욕에 약소국들은 전전긍긍하며 살아야 했다.

그렇다면 약소국은 어떻게 생명을 부지해야 할까? 이 질문은 중국과 미국이라는 두 강대국 사이에서 외교의 외줄타기를 해야 하는 우리나라에게도 해당한다.

약소국 제나라가 당시 중원을 주름잡던 연나라의 공격을 받아 거莒라는 성과 즉묵卽墨이라는 성만 남게 되었다. 이제 두 곳만 함락되면 제나라는 완전히 멸망 직전으로 내몰리게 되는 것이었다.

이에 제나라는 전단田單을 대장군으로 뽑고 온 백성들이 필사적으로 저항한 끝에 간신히 연나라를 물리치고 나라를 지켜낼 수 있었다.

이후 제나라 사람들은 왕을 비롯한 지배층이 해이해질 때마다 거莒라는 성에서 고난을 겪었던 때를 잊지 말자는 다짐을 나눴다. 이를 '물망재거勿忘在莒'라 하는데, 비록 소는 잃었지만 그럼에도 외양간은 고쳐야 한다는 결연한 의지와 같은 의미다.

이 일은 주변의 약소국들에게 큰 메아리가 되었다. 백성들이 한마음으로 똘똘 뭉치면 약소국도 얼마든지 나라를 지켜낼 수 있다는 교훈을 주었기 때문이다.

하지만 '이젠 되었다'며 마음을 놓아 버린다면 태만과 방임의 결과는 멸망으로 이어질 수 있다. 그렇기 때문에 더 거안사위의 정신을 가슴에 새기고 다가올지 모를 미래의 위험에 대비해야 한다.

내일 지구가 멸망할지 모른다는 소식이 들리는데도 사과나무를 심을 정도로 강심장인 사람은 드물 것이다. 하지만 미래를 위한 꿈마저 상실할 수 없다는 간절함으로 사과나무를 심듯이 오늘을 살아야 한다고 철학자는 말한다.

그렇다, 희망이다. 편안할 때일수록 위태로움을 생각하여 대비하는 것도 평화를 향한 희망이고, 소를 잃고 나서 외양간을 고치는 것 또한 같은 비극이 다시 일어나지 않기를 바라는 간절함이다. 안전함을 바라는 간절한 기도와 철저한 대비야말로 우리가 평소에 멈추지 말아야 할 생활 습관이다.

소는 잃었어도 외양간은 고쳐야 한다. 그래야 다시 소를 잃는 일이 없다. 편안할 때일수록 위태로울 때를 대비하는 정신을 잊지 말라. 그러면 갑작스런 불행은 쉽게 닥쳐오지 않는다.

10

언제나 내일을 준비하라

40대가 되면 가장 먼저 할 일

어느 정치인의 노년

어느 날 오후 약속이 있어 지하철을 타고 광화문 쪽으로 가고 있었다. 제법 많은 승객들 중에 점퍼 차림에 운동화를 신고 있는 노인이 눈에 띄었다. 경로석 구석자리에 앉아 신문을 읽고 있었지만 나는 그를 대번에 알아볼 수 있었다.

그는 여러 차례 국회의원을 지낸 정치인으로 국회에서 주요 직책을 섭렵하고 TV 토론에도 자주 등장하던 사람이었다. 뛰어난 말솜씨로 토론 상대를 압도하던 모습은 오랫동안 나의 뇌리에 박혀 있다.

내가 그를 잘 아는 이유는 바로 나와 동향이었기 때문이다. 한

때 우리 고향에서는 인물이 나왔다는 말을 들으며 시민들의 시선을 한 몸에 받았다. 하지만 그 뒤 두 번의 선거에서 연거푸 떨어지자 사람들은 그의 시대가 끝났음을 알게 되었다.

그는 이따금 사람들의 시선을 의식하는 듯 주변을 둘러보았는데, 알아보는 사람은 없는 것 같았다. 세월의 무게가 내려앉은 얼굴에서 세상을 호령하던 모습은 찾아보기 힘들고, 대신 추레한 얼굴에서 외롭고 가난한 노인의 모습만이 있을 뿐이었다. 나는 단번에 그의 고단한 처지를 알 수 있었다.

젊어서부터 돈을 버는 법을 배우지 못하고 국가와 민족만 외쳤던 대가는 컸다. 그는 마지막 두 번의 선거에 지나치게 많은 돈을 쓰는 바람에 그나마 남아 있던 재산도 거의 탕진하고 부인과 이혼까지 했다고 한다. 그러자 그에게 빨대를 꽂고 이득을 보려던 사람들도 다 떠났고 이제 혼자 남게 되었다.

한나라 때, 적공翟公이란 사람이 높은 벼슬에 오르자 그의 집은 손님들로 연일 문전성시를 이루었다. 그들은 적공에게 연줄을 대어 이익을 얻으려는 자들로 온갖 달콤한 말과 비굴한 태도로 적공에게 굽실거렸다.

몇 년 후, 적공이 당파싸움에 휘말려 면직되고 말았다. 그러자 더 이상 얻을 것이 없다는 걸 알아차린 아첨꾼들이 거짓말처럼 발길을 끊었다.

사마천은 《사기》에서 이를 '문외가설작라門外可設雀羅'라 불렀다. 문 밖에 새 그물을 쳐놓을 만큼 손님들의 발길이 끊어졌다는 말로, 권세가 약해지자 방문객의 발길도 뚝 끊어졌다는 뜻이다.

그런데 얼마 후 적공이 옛날 그 자리에 다시 오르자 손님들이 다시 구름처럼 몰려들었다. 적공의 재기에 마음이 돌아선 아첨꾼들은 이번에도 선물보따리를 싸들고 와서 온갖 아첨을 떨었다. 이에 적공이 대문에 이렇게 써 붙였다.

"한 번 죽고 한 번 삶에 사귐의 정을 알고, 한 번 가난하고 한 번 부함에 사귐의 태도를 알며, 한 번 귀하고 한 번 천함에 사귐의 정이 나타난다."

적공이 안타깝게 여긴 것은 사람과 사람 사이의 '의리'였다. 아무리 사람의 마음이 간사해도 높은 자리에 있고 없고의 차이가 만들어 내는 태도가 천지 차이라는 사실에 쓴웃음이 나온 것이다. 하지만 이것이 적공만의 문제일까?

한 번 가난하고 한 번 부함에 사귐의 태도를 알다

50대 후반의 A씨는 30년째 트로트 가수로 활동하고 있다. 젊은 시절 한때 TV에 등장할 때는 많은 이들이 알아보며 박수와 함께 어깨춤을 추며 장단을 맞춰 주었지만, 이제 그는 TV에서 사라졌다. 대신 이따금 지방 무대를 전전하며 노래를 부르는데 대중들의 반응이 예전 같지 않다는 사실에 속이 상한다. 그가 왕년에 불렀던 히트곡을 불러도 이제 따라 부르는 사람이 드물다.

오래 전 활동한 가수를 몰라보는 것도 당연하겠지만 이따금 가슴에 구멍이 뚫린 듯이 허전할 때가 있다. TV에서는 예전에 함께 활동했던 동료가수들이 등장하고 누군가는 여전히 히트곡도 발표하고 있는데 자신만 낙오된 것 같아 가슴이 아프다.

한때 술을 좋아해서 주변에 사람들이 북적였는데 지금은 찾는 사람조차 없다. 예전엔 호주머니에 돈이 두둑했지만 지금은 남에게 술 한 잔 살 수 있는 형편이 아니니 사람들이 모여들지 않는 것도 무리는 아닐 것이다.

하지만 아쉬움이 크다. 잘 나갈 때는 그렇게 동료, 후배들의 전화가 빗발쳤는데 지금은 거의 다 연락이 끊겼다. 그때마다 '한 번 가난하고 한 번 부함에 사귐의 태도를 알고 한 번 귀하고 한 번 천함에 사귐의 정이 나타난다'는 말이 뼈아프게 들려온다.

60대 중반의 M씨는 44세에 시중은행 지점장을 지낼 정도로 잘 나갔다. 그러다 52세에 명예퇴직을 한 후 한동안 과거 거래처

였던 회사에서 경리이사로 일하다 3년 뒤에 그마저 퇴직한 뒤에 그때부터 집에서 쉬고 있다.

지점장으로 첫 출근할 때가 인생에서 가장 행복한 기억으로 남아 있다. 새파랗게 젊은 지점장을 환대하는 기업이나 개인 고객들이 큰 힘이 되었다. 부임한 첫해에 M씨는 같은 지역의 10개 점포 중에서 1등의 실적을 올려 주변의 찬사가 쏟아졌었다.

그 뒤 몇 개의 지점을 순환 근무하며 보람찬 시간을 보낸 끝에 마침내 퇴직의 순간이 왔다. 그 동안의 실적으로 본다면 몇 년 더 근무해도 무방하다는 말도 들었지만 아내와 상의 끝에 명예퇴직을 선택했다. 두툼한 퇴직금 봉투가 큰 역할을 한 것이 사실이다.

거래처 회사마저 퇴직 후 한동안 하는 일이 없이 지내다 가끔 마땅한 일자리가 없을까 해서 노년층 취업박람회에 가보기도 했지만 자신과 맞는 일자리를 찾지 못했다. 아직 체력적으로나 정신적으로 충분히 일할 수 있는데 갈 곳도 없고 찾는 사람도 없다니 참 한심한 일이지만 자신이 선택한 것도 있으니 달리 방법은 없었다.

한때 주변에 득실거리던 사람들을 떠올릴 때마다 깨닫게 된다. 사회적인 위치를 계기로 만난 사람들과는 결코 오래 가지 않는다는 것을 말이다. 그리고 이제야 생각한다. 한 번 가난하고 한 번 부함에 사귐의 태도를 알며, 한 번 귀하고 한 번 천함에 사귐의 정이 나타난다는 것을.

40대에 들어서면 가장 먼저 할 일

2020년 기준 통계청 자료에 따르면 우리나라 여성의 평균 기대수명은 86.5세, 남성은 80.5세라고 한다. 65세 이상 고령인구가 전체 인구의 20% 이상인 경우를 초고령사회라고 하는데 우리나라는 2025년에 20%를 돌파해 초고령사회에 진입할 것이라고 한다.

이러한 전망치는 우리에게 많은 것을 시사한다. 그중에서도 가장 중요한 것은 고령화시대를 살아갈 준비가 필요하다는 것이다. 노년의 시간을 계획하고 준비하는 일은 장기적인 관점에서 살펴야 한다는 것이 그렇고, 적어도 20년 계획으로 미래에 무엇을, 어떻게 살 것인지에 대한 세밀한 설계도가 필요하다는 것이다.

지금의 60대는 예전의 60대가 아니다. 어떤 의학자는 현대인들의 신체나이를 계산할 때는 자신의 나이에 0.8을 곱하면 된다고 했다. 다시 말해서 지금 60세라면 예전의 48세에 해당한다는 얘기다.

이것은 오늘을 사는 사람들이 너무 이른 나이에 퇴직하고 아직 준비되지 않은 노년의 시대에 내던져진다는 것을 의미한다. 그렇게 젊은 나이에 할 일이 없어 빈둥대는 노년을 기대하는 사람은 없을 것이다. 하지만 이것이 사실인 것을 어쩌랴. 너무도 많은 '젊은 노인'들이 마땅한 일을 찾지 못하고 긴긴 여생을 허송세월하고 있다.

따라서 미래 준비는 빠를수록 좋고 세밀할수록 유리하다. 이런 준비는 40대부터 시작되어야 한다. 50대는 너무 늦다. 장기적인 계획 아래 세부적인 전략을 세우고, 그 다음 실행 방법까지 세밀하게 모색해야 한다.

그러기 위해서는 공부가 필요하다. 미래 어느 시점에 무슨 일을 하고 싶은지를 찾고, 어떻게 해야 하는지를 논리적으로 세우자. 무엇보다 중요한 것은 경험이다. 귀농하고 싶다는 계획을 세웠다면 실제로 농촌 현장에 가서 자신에게 맞는 일이 무엇인지, 무엇을 준비해야 하는지를 알아야 한다. 자영업을 하고 싶어도 마찬가지다.

그 다음은 눈높이를 낮추는 일이다. 자신이 할 수 있는 일의 한계 수준을 최대한 낮추다 보면 어떻게든 일을 찾을 수 있을 것이다. 노년이 되면 많은 친구들이 어떤 이유로든지 사라진다. 친구가 사라진다는 것은 고독과 직결되는 문제이니 반드시 사람들 속으로 들어가 대화를 나누라는 뜻이다.

긍정적이고 지적인 사람들과의 교류가 중요하다. 매사에 부정적인 성격은 전염되기 쉽다. 인생에 불만이 많은 사람은 멀리하자. 활동적인 취미를 갖는 일도 중요하다. 몸을 계속 움직이게 만들라는 뜻이다. 그런 사람들과의 만남은 여생을 활기차게 만들기에 더욱 좋다.

노후 준비는 빠를수록, 세밀할수록 좋다. 준비는 40대부터 시작되어야 한다. 50대는 너무 늦다. 장기적인 계획 아래 세부적인 전략을 세우고 실행 방법까지 세밀하게 모색해야 한다.

역사를 잊은 민족에게 미래는 없다. 과거의 실패, 과거의 아픔, 과거의 비통한 역사를 망각하면 다시 그런 역사가 반복되어도 극복의 방법을 알지 못한다. 앞서 가는 수레의 바퀴 자국이 뒤따르는 수레의 경계가 되듯이 지난 시간의 흔적들은 뒤를 따르는 자들에게 깨달음을 준다. 엎어진 앞 수레를 보고 왜 엎어졌는지 알아보고 그것을 피해 가면 수레는 안전하기 때문이다.

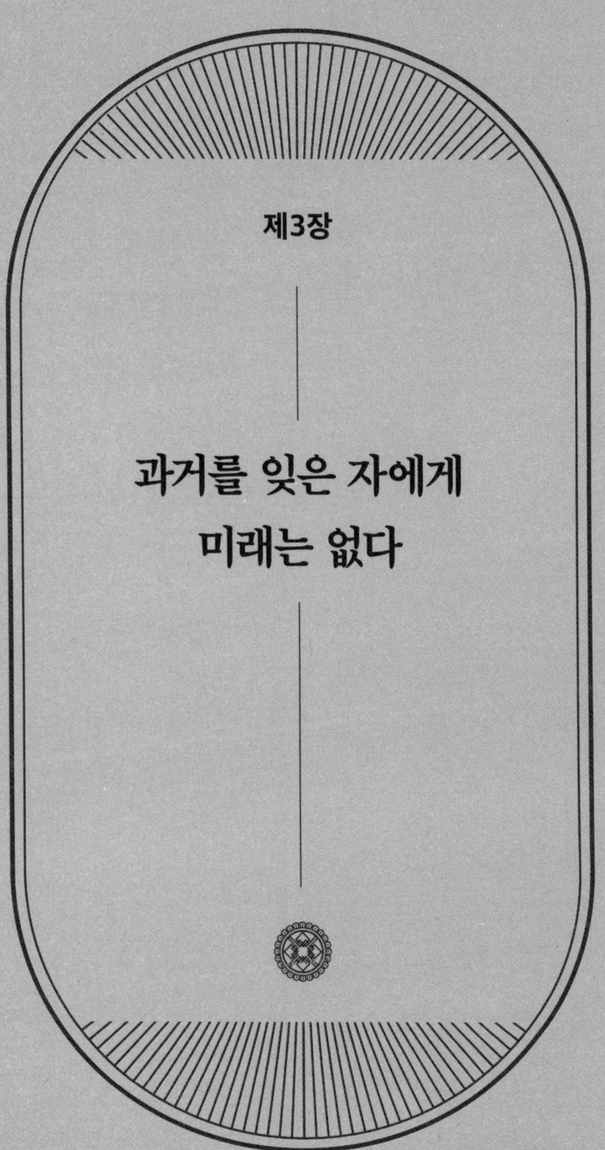

제3장

과거를 잊은 자에게 미래는 없다

11

인간에 대한 예의를 지켜라

중국 역사상 4대 추녀 이야기

양홍 맹광 이야기

《후한서》〈일민전逸民傳〉에 양홍梁鴻이라는 선비 이야기가 나온다. 양홍은 깊은 산속에 은거하여 학문을 탐구하며 일생을 보내기로 마음먹은 은사隱士였다.

그가 사는 마을에는 맹광孟光이라는 처녀가 살았는데 뚱뚱하고 못생긴 용모 탓에 누구라도 머리를 흔들었다. 그럼에도 맹광은 이따금 들어오는 중매를 마다하며 양홍 같은 분이 아니면 시집을 가지 않겠다고 큰소리쳤다.

부모가 그녀에게 네가 우리 마을의 최고 지성인인 양홍과 어떻게 혼인을 하겠느냐고 아무리 뜯어말려도 소용이 없었다. 그런데 이게 웬일인가? 어느 날 갑자기 양홍이 맹광의 집을 직접 찾아가 자신과 결혼해 달라고 청혼을 했다. 마을사람들은 세상에 둘도 없는 추녀와 혼인하겠다는 양홍을 이해할 수 없다며 머리를 흔들었지만 그의 마음은 변함이 없었다.

혼례식을 치르고 몇 달이 지났다. 맹광은 남편의 눈에 들기 위해 화려한 옷에 화장도 짙게 하고, 밤이 되면 비단금침을 깔아놓고 남편을 기다렸다. 그런데 남편은 단 하루도 잠자리를 같이 하지 않았다. 어느 날 맹광이 참다못해 이유를 물었더니 양홍이 대답했다.

"내가 원했던 부인의 모습은 좋은 옷에 진한 화장을 한 지금의 여인이 아니었소. 비록 남루한 옷을 입고 살더라도 가난한 살림에 만족하며 자신감 있게 살 수 있는 그런 여자였다오."

맹광은 자신의 행동을 부끄러워하며 허례허식을 버리고 누더기 옷을 입은 채 알뜰히 살림을 꾸려나갔다. 그러면서 하루 세끼 식사 때가 되면 정성껏 밥을 지어 밥상을 눈썹 위까지 들어올리고 남편에게 공손히 바쳤다.

맹광처럼 남편을 마음 깊이 공경하기에 밥상을 눈썹 위까지 들어 올려 바치는 것을 '거안제미擧案齊眉'라 한다. 이후 양홍은 많은 책을 저술하는 등 당대 제일의 학자로 존경을 받았지만 모든 공을 아내에게 돌렸다.

고대 중국 4대 추녀

중국인들은 역사상 가장 아름다운 미녀로 4명을 꼽는다. 오나라의 서시西施, 전한의 왕소군王昭君, 《삼국지》의 초선貂蟬, 당나라 양귀비楊貴妃가 그들이다.

초선을 빼고 우희虞姬를 넣는 경우도 있다. 우미인으로 불리기도 하는 우희는 초패왕 항우가 사랑한 여인으로 마지막 순간까지 항우 곁을 지키다 결국 그와 함께 죽게 되는 비운의 여인이다.

월나라가 오나라와의 전쟁에서 패하자 오나라 왕 부차夫差에게 공물로 바쳐진 서시는 얼마나 아름다운지 '침어浸魚'라고 불렸는데, 서시가 호수에 얼굴을 비추니 물고기들이 헤엄치는 것을 잊어버릴 정도로 넋을 잃고 있다가 그대로 가라앉았다고 한다.

왕소군은 전한시대 효원제孝元帝의 후궁으로 '낙안落雁'이라 불렸다. 기러기가 날아가다 왕소군을 보고 그녀의 아름다움에 그만 날갯짓을 하는 걸 잊어버리는 바람에 그대로 추락했다 해서 붙여졌다.

초선은 폐월閉月이라 불렸는데, 그녀의 미모에 달마저 부끄러움을 느끼고 구름 뒤로 숨었다는 뜻이다. 초선을 탐낸 권력자 동탁과 양아들 여포가 대판 싸움을 벌이다가 결국 동탁이 죽음으로써 역사의 물줄기가 바뀐 일은 《삼국지》에서 중요한 대목의 하나로 손꼽힌다.

당나라 현종의 후궁인 양귀비는 수화羞花로 불렸는데, 아름다운 꽃들마저 부끄러워 고개를 숙였다는 뜻이다. 양귀비 이야기는 너무 유명해 다시 설명할 필요가 없을 것이다.

이들 네 명의 미녀로 인해 생긴 고사성어는 너무도 많지만 대표적인 것이 바로 '경국지색傾國之色'이다. 나라를 기울게 할 만큼 아름다운 미녀라는 뜻이다. 그래서인지 절세미인에 빠져 국정을 소홀히 한 왕들은 대부분 나라가 망하고 자신도 망치는 일이 많았다.

중국인들은 무슨 악취미인지 역사상 가장 못생겼던 추녀 4명도 따로 꼽는다. 앞서 설명한 맹광孟光을 비롯해서 원고시대 황제黃帝의 넷째부인 모모嫫母, 제나라 제선왕의 왕후 종리춘鍾離春, 그리고 동진 때 선비 허윤의 아내 완덕위阮德慰가 그들이다.

황제는 지금으로부터 5000년 전 인류가 야만시대를 끝내고 문명사회로 들어가게 이끈 임금으로, 이 시기에 살았던 모모는 외모가 몹시 추하여 낯선 사람들이 한 번 보면 그 흉측한 얼굴에 깜짝 놀라서 달아났다고 한다.

그러나 모모는 낙심하지 않았다. 가족마저 그녀를 버렸지만 선량하고 부지런하며 사람들을 진심으로 대했기에 모모를 좋아하는 이들이 많았다. 하지만 너무 추한 얼굴 탓에 나이를 먹어도 혼처가 나타나지는 않았다.

어느 날 황제가 지방을 순시하다가 여자들이 뽕을 따고 있는 밭을 지나게 되었다. 그런데 갑자기 한 여성이 독사에 물리는 바람에 비명을 지르며 쓰러졌다. 모든 여자들이 냉큼 물러나며 어찌할 바를 몰랐지만 한 여자가 재빨리 뛰어왔다. 바로 모모였다.

그녀는 치맛자락을 찢어 상처 위쪽을 꽉 동여맨 후 입으로 상처의 독을 빨아내기 시작했다. 너무도 확신에 차서 아무 거리낌 없이 행동하는 그녀의 모습에 황제는 매우 놀랐다. 잠시 후 여자가 한숨을 돌리자 모모는 다른 여자들에게 당장 뱀에 물렸을 때 상처에 바르는 풀을 뜯어오라고 시켰다.

황제는 남을 도우려는 그녀의 따뜻한 심성에 감동받았다. 더구나 쓰러진 여인을 구하려고 사람들을 지휘하는 모습이 매우 인상적이었다. 황제는 당장 모모를 궁으로 데리고 가서 비로 맞아들였다. 그녀라면 대궐의 안살림을 맡겨도 충분히 해낼 거라고 믿었던 것이다.

유향劉向이 쓴 《열녀전烈女傳》에는 종리춘이라는 추녀 이야기가 실려 있다. 종리춘은 제나라에서 태어난 여자로 재주가 대단히 뛰어났지만 너무 못생긴 얼굴 탓에 마흔 살이 되도록 시집을 가지 못했다.

그녀의 두 눈은 오목하게 들어갔고 콧구멍은 위로 잔뜩 치켜졌으며 목에는 커다란 울대뼈가 자리 잡고 있었다. 게다가 머리가 몹시 큰데다 머리카락은 몇 올 되지 않았고, 여기에 더해 숯보다 더 검은 피부 때문에 더욱 귀신처럼 보였다.

종리춘 덕분에 유명한 고사성어도 생겼다. 바로 '각화무염刻畵無鹽'인데, 종리춘이 아무리 곱게 화장해도 원래 박색이라 미인과 비교될 수 없다는 뜻이다. 당시 제나라 왕은 너무 무능해서 나라꼴이 엉망이었다. 게다가 성질마저 괴팍해서 신하가 바른 말을 하면 불같이 화를 내는 바람에 누구도 왕 앞에서 입을 열지 않았다.

이런 상황에서, 어느 날 한 여자가 나라와 백성을 구할 방도에 대해 말하겠다며 왕과 면담을 요청했다. 바로 종리춘이었다. 그녀가 말했다.

"지금 제나라는 사방에 위험이 도사리고 있으니 빨리 정신 차리고 방비하지 않으면 나라가 위험합니다."

종리춘은 이렇게 말하고 위기를 극복할 방법을 상세하게 제안했다. 이에 왕은 그녀의 조목조목 핵심을 찌르는 말과 나라를 사랑하는 마음에 감동하여 의견을 적극 받아들이는 것은 물론 그녀를 왕후로 봉하고 더 이상 한눈팔지 않고 나라를 다스리는데 전력을 다했다.

위나라의 허윤이 완덕위의 딸과 중매로 결혼을 했다. 그런데 첫날밤 신부가 머리에 쓴 붉은 천을 벗긴 허윤은 신부의 추한 얼굴에 너무 놀라서 달아나고는 다시는 신방으로 들어가려고 하지 않았다.

그러나 그녀는 매우 현명한 여성으로, 남편이 대궐에 나가 중책을 맡고 왕을 보필하는 역할을 할 때 지혜와 용기를 북돋아 주었다. 허윤은 나라가 어려울 때마다 완씨 부인의 충고대로 왕에게 제안했는데 그때마다 해결의 실마리를 제공하는 것이어서 왕의 신임을 받았다.

완씨 부인은 여느 남자들보다 배짱이 있고 사려가 깊으며 긴 안목으로 세상을 보는 지혜는 누구도 상대할 사람이 없다는 말을 들을 정도였다. 자신의 추하게 생긴 얼굴을 부끄러워하지 않고 당당하게 살았던 그녀 덕분에 허윤은 오랫동안 고위관료 생활을 지속할 수 있었다.

네 주변의 추녀를 업신여기지 마라

빼어난 미녀들은 나라를 망하게 했지만 오히려 추녀들이 남편을 성심껏 섬기며 여성의 역할을 다한다. 매우 역설적인 이야기가 아닐 수 없다. 중국 역사에는 유난히 미녀에 관한 이야기가 많이 등장하고 미녀로 인한 폐해도 자주 소개된다. 미녀와 술과 고기에 빠져 지내다 나라를 망친 제왕들이 워낙 많기 때문일 것이다.

미녀와 추녀 이야기가 우리에게 전하려는 교훈은 미녀는 악하고 추녀는 선하다는 차원의 이야기는 아닐 것이다. 어쩌면 고대 중국인들은 후대 사람들에게 이런 이야기를 전하고 싶었는지도 모른다.

"네 주변의 추녀를 업신여기지 마라."

인간 차별은 죄악이니 모든 사람에게 예의를 지키라는 인간 존중의 자세를 강조한 것이 아닐까? 미녀는 추앙받고 추녀는 배척당하는 현실에서 중국 역사상 4명의 최고 추녀들 이야기는 우리에게 인간에 대한 편견을 버리고 차별 없는 공정한 대우와 배려, 예의 같은 주제를 가르쳐 준다.

인간에 대한 편견과 고정관념을 버리고 항상 공평하고 공정하라. 차별 의식이 뿌리를 내리면 인간관계의 깊이와 넓이가 줄어들어 필요할 때 도움을 청할 사람이 없게 된다.

12

때를 기다리며 인내하라

장작더미와 짐승의 쓸개

장작더미 위에서 잠을 자다

합려闔閭는 《손자병법》으로 유명한 손무孫武와 초나라에서 망명해 온 오자서伍子胥의 도움을 받아 오나라를 강성한 나라로 성장시키고 중국 대륙의 패자를 꿈꾼 춘추시대 최강의 군주였다.

어느 해 합려가 북방의 초나라를 침공하여 대대적인 승리를 거두고 있을 때, 월나라 왕 윤상允常이 이끄는 군대가 쳐들어 와 국경을 휩쓰는 가운데 합려의 아들 부개夫槪가 스스로 왕을 칭하며 난을 일으켰다는 소식을 듣게 되었다. 합려는 초나라 왕을 참살하기 직전이었음에도 전쟁을 멈추고 부랴부랴 고국으로 돌아와 난을 평정하고 월나라의 침략도 차단할 수 있었다.

몇 년 후, 합려는 함부로 오나라 땅을 넘보는 월나라를 응징하기 위해 국경을 넘는다. 당시 두 나라는 중국 대륙 남동쪽 하단부의 거대한 지역에 위아래로 나란히 자리 잡고 오랜 세월 결코 화해할 수 없는 원수지간으로 지내고 있었다.

그러나 합려의 침공은 잘못된 것이었다. 월나라 상장군 범려范蠡가 이끄는 군대에 대패한 합려는 다리에 독화살을 맞고 파상풍에 걸려 어이없이 죽고 말았다. 합려는 죽기 전에 둘째아들 부차夫差에게 반드시 복수하라고 유언하고, 아들에게 여러 차례 복수를 맹세하게 했다.

부차는 즉위하자마자 월나라를 응징할 준비에 착수했다. 이때부터 부차는 아버지의 유언을 지키겠다는 일념으로 장작더미 위에 땔감으로 쓰는 나뭇가지를 깔고 잠을 잤다. 이것을 '와신臥薪'이라 한다.

당시 손무는 은퇴하여 고향에서 은둔하고 있었기에 부차는 오자서와 함께 절치부심하며 중국 대륙 전체를 놓고 볼 때 상대가 없을 정도로 강력한 군대를 만들었다.

몇 년 후, 부차는 거침없이 남쪽 국경을 넘어 들어갔고 월나라를 멸망 직전으로 몰아넣는다. 이때 월나라 왕은 윤상의 아들 구천句踐으로, 험준하기로 유명한 회계산會稽山으로 도망쳐 다음을 기약하려 했지만 막강하고 악랄한 오나라 군대의 공세를 피할

재간이 없었다.

이때 오자서는 구천을 반드시 죽여 후환을 없애야 한다고 여러 차례 주장했지만 구천이 납작 엎드려 항복을 구걸하며 부차의 종이 될 것을 약속하고, 천하제일의 미녀 서시西施를 공물로 바치자 마음이 흔들리기 시작했다.

부차가 서시에게 빠졌다는 사실을 간파한 간신 백비伯嚭가 나섰다. 구천을 죽이지 말고 월나라를 속국으로 삼아야 하는 이유를 줄줄이 꿰며 부차의 마음을 흔들자 그의 얼굴에 만족의 미소가 드리워졌다. 이로써 월나라는 오나라의 속국이 되었다.

그 뒤 3년 동안 구천의 처참한 밑바닥 생활이 이어졌다. 부차의 가혹한 대우에 따른 고통과 모멸의 시간을 견디며 월나라로 돌아갈 날만을 기다렸다. 부차의 마부 노릇을 하며 온몸을 던지고, 부차가 아프면 그의 똥을 맛보며 그의 병증病症을 알아볼 만큼 충성스런 모습을 보였다. 부차의 부름을 받고 구천의 아내가 침실로 불려가는 비참한 상황도 이를 악물고 견뎌내기도 했다.

충신을 제거한 군주

구천이 월나라로 돌아가기 위해서는 먼저 오자서를 제거해야 했다. 그가 여전히 구천을 죽여야 한다고 고집하고 있었기 때문이다. 범려는 백비에게 선물 공세를 퍼부으며 오자서와 부차의 사이를 이간질하게 만드는 한편 월나라에 충성을 다하는 모습을 보여 마음을 놓게 했다.

그 후 부차는 북방으로 영토를 확장하기 위해 계속 군대를 파견하는 등 국력을 급속하게 탕진하고 있었다. 오자서는 이를 경계하며 패권주의를 접고 내실을 다지라고 진언했지만 부차는 그의 참견을 언짢게 여기며 받아들이지 않는다.

이 무렵 재상에 오른 백비는 사사건건 부차의 심기를 흐리는 오자서를 탐탁지 않게 여기고 온갖 수단을 다해 부차와 오자서를 갈라놓았다. 그러다 마침내 결정적인 시간이 왔다. 제나라에 사신으로 떠났던 오자서가 함께 떠났던 아들을 제나라에 남기고 왔던 것이다.

오자서가 혼자 돌아오자, 백비는 이것은 필시 오자서가 오나라의 멸망을 예상하거나 반역을 도모하려고 아들을 미리 피신시킨 것이라고 중상모략하기 위해 부차에게 달려갔다. 백비는 오자서와 절대로 그러면 안 되는 사이였지만 자신의 출세를 위해 거침없이 칼을 빼들었다.

백비의 오늘이 있기까지 오자서가 어떤 역할을 했는지는 모든 사람이 잘 알았다. 예전에 오자서가 대부로 있을 때, 백비가 초나라에서 망명해 오자 그에게 동지의식을 느끼며 정치에 입문하게 이끌었다. 오자서 역시 초나라 왕에게 아버지와 형을 잃고 오나라로 건너온 터라 백비와 똑같은 원한을 갖고 있었다.

그때 함께 대부에 올랐던 사람이 백비라는 인물에 대해 의문을 제기하며 오자서에게 그를 어떻게 신용할 수 있느냐고 물었다. 이에 오자서가 대답했다.

"고향을 잃고 망명했다는 공통의 병을 앓게 되면 서로 불쌍히 여겨 한 가지로 걱정하고 서로 구해준다는 말도 있지 않소?"

유명한 고사성어 '동병상련同病相憐'은 여기서 비롯된 말이다. 그러나 백비는 서로 걱정하고 구해주기는커녕 은혜를 원수로 갚았다. 백비는 부차에게 달려가 저간의 사실을 과장해서 보고했고, 대노한 부차는 입만 열면 사사건건 참견하는 오자서를 이참에 제거할 생각을 굳히고 당장 자결할 것을 명했다.

짐승의 쓸개를 핥다

오나라에서 노예생활을 한 지 3년 만에 마침내 부차의 환심을 사는 데 성공하고 월나라로 돌아가게 된 구천은 매일 짐승의 쓸개를 핥으며 각오를 다졌고, 구천의 이런 자세는 월나라 백성들의 가슴에 새겨져 저마다 복수를 다짐하게 되었다. 마음의 다짐을 다지기 위해 쓰디쓴 짐승의 쓸개를 핥는 것을 '상담嘗胆'이라 하며, 이로써 부차의 와신과 합쳐 '와신상담'이라는 고사성어가 완성되었다.

구천은 은밀하지만 대대적으로 군대를 양성하는 한편으로 지속적으로 부차를 안심시켰다. 이때 범려가 대장군으로 군대 양성을 주도하고 문종文種이 나라 살림은 물론 군대 지원을 담당하는 역할을 맡아 큰 힘이 되었다.

회계산에서의 치욕스런 패배와 3년간의 노예생활을 견디고, 그리고 복수를 다짐하며 군대를 양성하는 18년 동안 범려와 문종의 도움이 없었다면 절대로 버티지 못했을 것이다.

마침내 복수의 시간이 왔다. 부차가 북방으로 전쟁을 치르러 갔다는 소식이 들렸던 것이다. 아버지 합려를 닮아 대단히 호전적이고 과시욕이 심했던 부차는 기회만 되면 국경을 넘어 다른 나라를 침략하곤 했다.

그러나 이번에는 상황이 달랐다. 충분히 훈련된 월나라 군대가 거침없이 진군해 와 오나라 황태자를 죽이고 대궐을 지키고 있던 군대를 대량 살상하는 등 압도적인 승리를 거두었다. 이 소식을 접한 부차가 허둥지둥 돌아왔지만 복수심에 불타는 월나라 군대를 상대하기엔 역부족이었다.

부차는 속수무책으로 당하고, 이로써 오나라는 멸망하고 말았다. 부차는 죽어서 오자서를 어떻게 보겠느냐며 보자기를 쓰고 자결했고, 백비는 오나라 백성들에게 맞아죽었다. 이로써 오나라는 하루아침에 월나라에 흡수되고, 두 나라 사이의 오랜 원한관계는 종결되었다.

토사구팽의 시대

이후 구천은 월나라를 춘추시대에 가장 강력한 세력을 가진 춘추오패春秋五霸의 하나로 성장시켰다. 이제 월나라는 누구도 함부로 대하지 못할 만큼 강한 나라가 된 것이다.

이때 범려는 문종과 함께 개국공신으로 인정받아 화려하고 존귀한 생활을 이루고 있었지만, 마음속으로는 날이 갈수록 시름이 쌓여갔다. 구천이 변했다. 오만하고 변덕스러운 습성이 다시 도져 오늘날의 번영이 자기 혼자 이뤄낸 것인 양 떠들어 댔다.

나라를 위해 싸웠던 병사들의 노고는 물론이고 범려와 문종을 비롯한 충신들의 말을 듣지 않고 모든 일을 자기 뜻대로 처리하고, 과거의 치욕을 까맣게 잊은 채 방탕하게 황제로서의 지위를 누렸다. 어느 날 밤 참다못한 범려가 문종을 찾았다.

"구천 같은 얼굴은 집념이 강해서 한 번 마음에 품은 것은 기어이 이루고 말지만 시기심이 많아서 고통을 함께 나눌 수는 있어도 안락은 함께 할 수 없는 상像이오. 나는 더 이상 함께 일하기 싫어서 떠나기로 했소."

구천과 같이 목이 길고 입은 까마귀 부리 같이 뾰족한 모습을 관상학에서는 '장경오훼長頸烏喙'라 부른다. 범려는 문종에게 함께 떠나자고 권하며 '새 사냥이 끝나면 좋은 활은 감추어지고, 교활한 토끼를 잡고 나면 사냥개를 삶아 먹는다'는 의미의 '토사구팽兎死狗烹'이란 말을 남긴 채 홀연히 월나라를 떠났다.

하지만 문종은 구천이 그럴 리 없다며 떠나기를 주저하다가 반역의 혐의를 뒤집어쓰고 억류생활을 하다가 고통은 함께 나눌 수 있어도 안락은 함께 나눌 수 없다는 범려의 말을 떠올리며 자결하고 말았다. 평생을 구천을 위해 헌신했던 문종의 최후는 토사구팽 그 자체로 너무도 비참했다.

> 성공을 원한다면 때를 기다리며 인내할 줄 알아야 한다. 상대를 압도할 실력은 물론 세상의 상황과 조건이 맞을 때까지 기다려야 한다. 성공은 그런 치밀한 준비 끝에 온다.

13

전투력을 잃지 마라

결국 인생은 전쟁이다

곤경에 빠진 짐승도 궁지에 몰리면

진나라의 장수 순림보荀林父가 초나라와의 전쟁에서 크게 패하고 돌아왔다. 이에 왕이 대노하며 당장 참형에 처하려 하자 대부 사정자士貞子가 말했다.

문공 때 진나라가 초나라와 싸워 대승을 거두었는데도 문공은 크게 걱정하셨습니다. 그때 패한 초나라 명장 성득신成得臣이 아직 살아 있었기 때문입니다. 문공은 '곤경에 빠진 짐승도 마지막 순간에는 힘껏 싸우는데 일국의 명장이야 말할 나위가 있겠는가'라고 말씀하셨습니다. 후에 성득신이 죽자 문왕은 비로소 기뻐하셨습니다.

그 뒤부터 진나라는 초나라와의 싸움에서 매번 이겼으며 초나라는 점점 약해졌습니다. 이로 보아 순림보를 죽이는 것은 오히려 적국을 돕는 일이 될 것입니다.

왕은 이 한 마디에 즉각 순림보를 사면해 주었다. 이때 인용된 말, 곤경에 빠진 짐승도 마지막 순간에는 힘껏 싸우는 것을 '곤수유투困獸猶鬪'라 하는데, 이 말은 원래 노나라의 문인 좌구명左丘明이 지은 《춘추좌씨전春秋左氏傳》에 나온다.

짐승도 마지막 궁지에 몰리게 되면 살기 위해 발악을 하며 달려든다. 하물며 적군의 장수가 패배의 치욕을 씻기 위해 이를 갈며 준비하면 언젠가는 비수가 되어 내 목을 찌를 것이다. 그렇기에 싸움에 이길수록 더 철저히 대비해야 하는 것이다. 《춘추좌씨전》은 공자가 편찬한 책으로 알려진 《춘추》의 주석서로, 이 책은 춘추시대를 이해하는 귀중한 자료가 된다.

춘추시대는 나라마다 천하의 주도권을 쥐려고 벌이는 전쟁의 나날이었다. 이 시기에 특히 강한 나라 다섯을 '춘추오패春秋五霸'라 부르는데 최강자 제齊나라 환공桓公을 비롯해서 진晋나라 문공文公, 초楚나라 장왕莊王, 월越나라 구천句踐이 그들이다. 단, 이들 다섯 명은 역사 기록에 따라 몇 명이 바뀌는데 제나라 환공과 진나라 문공은 그대로이다.

저마다 넓은 영토와 군사를 거느리고 세력을 과시하던 이들은 서로를 잡아먹으려고 혈안이었는데 이런 상황에서 순림보가 경쟁국 초나라에 패하고 돌아왔으니 왕이 분노할 만도 했다. 이런 때 현명한 왕은 다른 반응을 보인다. 당나라 황제가 전쟁에 패하고 돌아온 장수 배도裵度가 낙담한 표정을 짓자 이렇게 말해주었다.

> 한 번 이기고 한 번 지는 것은 병가에서 항상 있는 일이다.
>
> 一勝一敗 兵家常事

이기고 지는 일은 장수에게 늘 있는 일이니 상심하지 말고 다음을 기약하라는 위로의 말이었다. 하지만 진나라 왕은 패하고 돌아온 장수를 절대 용서할 수 없다며 난리를 쳤다. 순림보는 그간 다수의 전쟁에서 승리를 거둬 주변국들이 두려워하는 존재로, 이런 장수를 함부로 처단하다니 말도 안 되는 일이었다.

물고 물리는 전쟁의 시대

오랫동안 고대 중국을 지배했던 주나라 왕실이 쇠약해지고 중

앙집권체제가 무너지자 곳곳에서 군웅이 할거하게 되고 세상은 혼란에 빠졌다. 인구 증가는 의식주를 해결할 수 있는 더 좋은 땅으로 이주하려는 사람들의 대이동을 불러왔고, 이 틈을 탄 제후들의 세력 다툼은 더 많은 피를 흘리게 했다.

전쟁은 승리와 패배의 흥미진진한 과정 때문에 수많은 이야기가 생산된다. 이기는 장수가 있으면 패하는 장수도 있는 법, 그러니 이기는 법을 가르치는 병학兵學이 개발되고 손자 같은 병법 철학자들도 어깨에 힘을 주게 되었다.

장수들은 살아남기 위해 수단방법을 가리지 않았다. 이기는 것만이 생존을 보장받을 수 있기에 승리를 위해서는 기상천외한 전략전술에 심리전까지 모든 방법이 동원되었다.

제나라 경공 때의 일이다. 사마양저司馬穰苴가 진나라와 싸우기 위해 출진을 앞두고 있을 때 왕의 측근인 장가莊賈가 집합 시간을 지키지 않고 도착해서는 온갖 불만을 쏟아내며 투덜대는 등 멋대로 행동하자 군법에 따라 참수형에 처하겠다고 나섰다.

장가의 행동은 병사들의 사기를 떨어뜨릴 뿐더러 첩자들이 적에게 알린다면 무슨 부작용이 생길지 모르는 일이었다. 하지만 이때 경공이 전령을 보내 당장 장가를 사면하라고 명했다. 그러자 사마양저는 왕명을 거부하고 장가의 목을 치면서 역사에 남는 명언을 남겼다.

전쟁터에 나간 장수는 군주의 명령을 받지 않습니다.

君命有所不受

이 소식을 들은 진나라 병사들은 제나라 장수의 비정함에 놀라 싸울 엄두를 못 내고 뿔뿔이 흩어져 도망쳐 버렸다. 장수가 그렇게 단호하다면 병사들도 물불을 안 가리고 싸울 거라고 예상했기 때문이다. 왕은 싸우지 않고 이긴 사마양저를 크게 치하했다.

전쟁을 하다 보면 사마양저처럼 싸우지 않고 이기는 장수도 있지만 싸우기도 전에 패배가 두려워 도망치는 장수도 많다. 예를 들어 전진前秦의 왕 부견符堅이 그랬다.

그의 병사들이 국경 부근 수양산에 이르렀을 때 진나라 군대와 맞서게 되었는데, 적군의 위용이 어찌나 대단하던지 골짜기마다 병사들로 뒤덮여 있는 것 같았다. 사실은 병사가 아니라 울창한 풀과 나무에 불과했는데, 저녁나절이라 군복을 입은 병사들처럼 보였던 것이다.

그것만이 아니었다. 산꼭대기에서 우레와 같은 함성이 들리자 병사들이 질풍처럼 뛰어내려 오고 있다고 착각한 부견은 와들와들 떨기만 했다. 하지만 그건 여러 마리의 학이 동시에 우는 소리였다. 너무 겁을 먹으니 모든 게 두려움의 대상이었던 것이다.

장수가 그 지경이니 병사들은 더 말할 나위가 없었다. 부견이 허겁지겁 후퇴를 명했는데, 병사들은 이를 철수하라는 말로 알아듣고 앞 다퉈 도망치기 시작해서 자기들끼리 짓밟혀 죽는 자들이 속출했다.

하지만 전쟁 중에 도망치는 게 무조건 나쁜 것만은 아니다. '36계주위상三十六計走爲上'이라는 계책이 있듯이 여차하면 일단 도망치고 보는 것이 최상의 전략이라고 병법가들은 말했다.

송나라 장수 단도제檀道濟는 전쟁을 벌이다가 전세가 불리하면 즉각 물러나는 것으로 유명했다. 이것이 병사들의 살상을 막고 적을 지치게 하는 최적의 전략이기 때문이었지만 백성들은 매번 도망만 다니는 비겁한 장수라고 수군거렸다. 하지만 그는 이길 때까지 이 전략을 버리지 않았다.

《손자병법》에도 병력이 열세라면 재빨리 물러나고 승산이 없으면 절대 싸우지 말라고 했다. 불리할 때면 어떤 상황도 고려하지 않고 잽싸게 퇴각해서 힘을 보충한 후에 다시 싸우면 되기에 그런 의미에서 제때에 후퇴할 줄 아는 사람이야말로 진정으로 용기 있는 지도자라고 할 수 있다.

인생도 전쟁의 연속이다

'곤수유투困獸猶鬪'라는 고사성어는 현대인의 삶에 적용해도 부족함이 없다. 처절하게 현실의 벽에 부딪쳐야 하고 끝도 없이 굽이쳐 오는 미래의 폭풍에 맞서야 하는 현대인의 삶은 곤경에 빠진 짐승처럼 마지막 순간까지 힘껏 싸워야 하는 모습 그대로다.

40대 직장인 K는 오늘 사직서를 제출했다. 20년 다닌 회사를 하루아침에 그만두게 되었다. 그의 뜻이 아니었다. 회사가 M&A 되었는데 그가 속한 부서만 합병되지 못하고, 결과는 팀 해체와 해고였다.

날벼락이었다. 40대 중반을 넘은 나이에 전직한다는 게 얼마나 어려운지 잘 알고 있었다. 퇴직금과 얼마간의 위로금이 전부인데 자영업을 해보겠다고 나설 수도 없었다. 내일 모레면 50인데 지천명은커녕 당장 갈 곳도 없다니 말이 안 되는 얘기였다.

전투력이 문제였다. 젊었을 때는 세상에 맞서 한 판 전쟁을 치르겠다는 전투력이 충만했는데, 이제는 그럴 열정도 도전욕구도 연기처럼 사라져 버렸다. 지난 20년 동안 회사라는 조직에서 소모품으로만 살다 보니 세상과의 싸움을 기피하게 된 것이다.

그러다 K는 마음을 굳게 다져먹었다. 이렇게 비루하게 살지 말고 그간의 경험과 지식을 바탕으로 전직을 하자. 궁지에 몰린 사슴도 마지막 순간에는 사자를 문다는데, 이 일을 계기로 더 처절하게 일에 매달리자고 다짐하게 되었다.

전쟁터에 나간 장수만이 곤수유투의 심정으로 적과 마주하는 것이 아니다. 사실은 우리 모두 그렇게 살아야 한다. 지치고 힘들수록 살아남기 위해 다시 일어나야 한다. 그렇다, 치열함이다. 지금 K의 마음이 딱 그랬다.

> 문제는 전투력이다. 세상과 당당히 맞서는 전투력만 살아 있다면 어떤 고난도 뛰어넘을 수 있다. 잃어버린 전투력을 되찾기 위해 삶을 돌아보며 마음을 다지는 시간을 많이 가져라.

14

너의 지난날을 잊지 마라

과거를 잊은 자에게 미래는 없다

도원결의 삼형제 죽음의 공통점

촉나라 황제 유비의 마지막 몇 년은 비극적인 운명의 연속이었다. 한나라의 재건과 회복을 목표로 맹렬하게 달려온 한평생이었지만 이제 화려하게 결말을 지어야 할 시점에 들이닥친 운명은 혹독하기만 했다.

비극의 서막은 관우가 열었다. 관우가 이끄는 군대가 삼국의 요충지인 형주荊州에 주둔하고 있을 때, 오나라 손권의 습격을 받아 갑자기 숨을 거두고 말았다.

누구도 예상하지 못한 이 사건은 위, 촉, 오 삼국 모두에게 엄청난 파장을 일으켰다. 촉나라는 기둥뿌리 하나가 부러지는 참극에 기절초풍했고 관우를 몹시 아꼈던 조조도 형주 땅을 향해 제사를 지낼 정도로 마음 깊이 슬퍼했다.

오나라는 더 큰일이었다. 일을 저지르고 나서야 사태가 걷잡을 수 없다는 사실을 깨닫고 덜컥 겁을 먹었다. 복수심에 불타는 촉나라와 위나라가 손을 잡고 쳐들어온다면 오나라의 멸망은 시간문제였기에 황제 손권은 오금이 저렸다. 이 때문에 손권은 관우의 목을 조조에게 바쳤다. 평소 관우를 좋아했던 조조에게 아부하여 동맹이라도 맺기 위해서였다.

2년 후인 221년, 둘째형님 관우의 갑작스런 죽음에 정신줄을 놓고 있던 장비는 매일 술독에 빠져 살면서 복수를 다짐했다. 그러다 분노가 치밀면 부하장수들을 모질게 매질하는 것으로 화풀이를 하다가 어느 날 원한을 품은 부하들에게 어이없이 살해되고 만다.

문제는, 장비를 죽인 병사들이 그의 머리를 오나라 황제 손권에게 갖다 바쳤다는 것이다. 결국 관우를 죽인 것도 오나라, 장비의 머리를 차지한 것도 오나라였다. 더구나 손권은 2년 전 관우의 머리를 조조에게 갖다 바쳤듯이 이번에도 장비의 머리를 전리품이라며 조조에게 선물함으로써 유비를 더욱 분노케 했다.

그로부터 2년 후인 223년, 유비가 제갈공명의 만류를 뿌리치고 오나라에 복수하기 위해 직접 원정을 나섰다. 어쩌면 이때 이미 유비의 운명은 정해졌는지도 모른다. 이 전쟁에서 유비는 처절히 패하는 바람에 분노와 실망에 사로잡혀 결국 죽고 만다.

유비 삼형제의 마지막에는 공통점이 하나 있다. 잘못된 선택의 연속으로 자신을 스스로 낭떠러지로 밀어 버렸다는 점이다. 그들의 선택 하나하나가 자기 자신은 물론이고 촉나라까지 생사를 결정하는 일인데도 어찌된 까닭인지 그들은 하나같이 어리석은 선택을 했다.

가장 안타까운 것은 관우였다. 오만한 독불장군이었던 관우는 하늘 아래 자기를 이길 자는 없다는 믿음으로 꽉 차 형주를 잘 지키라는 유비의 명령을 어기고 무리하게 위나라 땅을 공략했다가 불시에 들이닥친 오나라에게 뒤통수를 맞아 최후를 맞았다.

복수심에 불탄 유비는 오나라 원정길을 선택해서 처음엔 쉽게 전진할 수 있었지만 연이은 전투에 지친 병사들이 강남지방의 무더위를 이기지 못하는 상황에 처하자 나무그늘에 쉬게 할 요량으로 거대한 숲 옆의 개활지에 길게 포진시켰다. 바로 이것이 패착이었다. 병법에 이런 문장이 있다.

> 고대로부터 전쟁을 잘하는 자는 적군으로 하여금 전후방의 부대가 서로 급히 연합하여 도울 수 없게 하고, 전투부대와 이를 지원하는

보급부대가 서로를 구원할 수 없게 한다. 상급자와 하급자가 서로 도울 수 없게 하고 병졸들을 집합시키지 못하게 하여 분리시킨다.

그러나 유비는 오히려 정반대의 선택을 했다. 유비가 지시한 휴식 대형은 전체 장병들을 그늘 아래 횡렬로 길게 줄을 세워 놓는 것이었다. 그렇다면 앞뒤에서 무슨 일이 일어나는지 알 수 없고 지휘관의 명령이 전달되려면 오랜 시간이 필요할 것이었다. 결과적으로 유비의 군대는 숲에 불을 지른 오나라의 화공火攻에 무너지고 말았다. 유비의 이런 선택은 초보 장수들도 절대로 하지 않는 아둔한 계책이어서 아쉬움이 컸다.

제갈공명은 원래부터 오나라 땅의 지리적 특성과 기후를 무시한 무리한 원정을 반대했었다. 그러나 두 형제의 원수를 갚겠다는 유비의 마음을 막을 수 없었다. 실패의 충격과 분노, 자기 자신에 대한 실망감에 가슴을 치던 유비는 많은 숙제를 남기고 쓸쓸히 역사의 무대를 떠났다.

너무 즐거워서 촉나라는 생각나지 않는다

유비가 죽은 후, 제갈공명은 위나라를 무너뜨리기 위한 북벌北伐

계획을 촉나라 생존의 제1 전략으로 삼고 국력을 한곳에 모았다. 북벌은 촉나라가 후한後漢을 계승한 왕조이기에 후한을 무너뜨린 위나라를 정벌해야 한다는 유비의 사명을 계승한다는 명분 아래 시행되었다.

그러나 결과적으로는 5차례에 걸친 북벌은 모조리 실패로 돌아가고 제갈량마저 북벌 도중에 사망함으로써 촉나라의 오랜 숙원은 수포로 돌아갔다. 이때가 234년, 유비의 아들 유선劉禪이 보위를 이어받아 촉나라를 이끈 지 11년째 되던 해였다.

유비가 46세에 낳은 늦둥이 아들 유선은 그리 똑똑한 사람이 아니었다. 일국의 황제가 되기에는 많이 아둔한 사람이기도 했다. 이를 걱정한 유비는 말년에 차라리 제갈량에게 보위를 넘겨주려 했지만 그가 이를 받을 리 만무했다.

유선이 제위를 계승한 후부터 승상 제갈량이 정사를 보필했고, 제갈량이 죽은 후에는 다른 신하들이 차례로 보필했는데 유선은 거의 정치에 관여하지 않았다. 《삼국지》를 쓴 진수陳壽는 유선에 대해 이렇게 평했다.

> 유선은 현명한 승상에게 정치를 맡겼을 때는 도리를 따르는 군주였지만 환관에 미혹됐을 때는 어리석은 군주였다. 경전에서 말하기를 '흰색 실이 일정한 색깔이 없고 물감에 따라 물들여질 뿐'이라고 했

는데, 유선을 보면 정말 그렇다.

촉나라는 유비가 죽고 나서 그럭저럭 버틴 지 40년이 지난 263년, 위나라 군대가 쳐들어오자 유선은 저항은커녕 스스로 성문을 열고 나가 투항했다. 싸울 힘도, 의지도 없었던 유선은 그 길로 위나라로 끌려간다.

당시 조조의 후예들을 물리치고 위나라를 지배하던 자는 사마의의 아들 사마소司馬昭로, 어느 날 연회를 열고 촉나라의 음악을 연주하게 했다. 그러자 유선을 따라온 촉나라 관리들이 망국의 슬픔에 모두 눈물을 흘렸지만 유선만은 낄낄대고 웃으며 이렇게 말했다.

"이렇게 즐거운데 촉나라는 생각나지 않습니다."

아버지 유비는 무너진 한나라를 다시 되살리겠다고 평생 피눈물을 흘리고 생사의 고비를 넘기며 살았는데 아들 유선은 술과 고기에 너무 즐거워 촉나라가 전혀 생각나지 않는다고 말하다니, 촉나라 관리들은 황제라는 자의 대책 없는 말에 더 비통하게 울었다.

유선은 64세에 죽었다. 너무 즐거워서 촉나라는 생각나지 않는나는 유선의 말은 '낙불사촉樂不思蜀'이라는 고사성어를 낳았다. 이는 자신의 본분을 잊고 향락에 젖어 사는 어리석은 사람을 빗대는 말이기도 하다.

과거를 잊은 자에게 미래는 없다

역사를 잊은 민족에게 미래는 없다. 과거의 실패, 과거의 아픔, 과거의 비통한 역사를 망각하면 다시 그런 역사가 반복되어도 극복의 방법을 알지 못한다.

앞서 가는 수레의 바큇자국이 뒤따르는 수레의 경계가 되듯이 지난 시간의 흔적들은 뒤를 따르는 자들에게 깨달음을 준다. 엎어진 앞 수레를 보고 왜 엎어졌는지 알아보고 그것을 피해 가면 수레는 안전하기 때문이다.

하나라 걸왕과 은나라 주왕은 최악의 폭군이었지만, 처음부터 그런 건 아니었다. 젊어서는 출중한 지혜와 용기를 겸한 인물이었지만 점점 주지육림을 즐기다가 나라를 망쳤다. 이후 주나라 문왕이 새로운 왕조를 세웠을 때, 서백西伯이라는 신하가 간언을 하다 임금의 심기를 건드리는 바람에 옥에 갇히자 이런 말을 했다.

"은나라 왕이 거울로 삼을 만한 것은 먼 곳에 있지 않고 하나라 걸왕 때 있사옵니다."

은나라가 거울로 삼을 만한 교훈은 직전의 왕조인 하나라와 은나라에 좋은 사례가 있으니 이것을 참고삼아 같은 실수를 반복하지 말라는 뜻으로, 이를 '은감불원殷鑑不遠'이라 한다.

그럼에도 얼마나 많은 사람들이 엎어진 앞 수레의 바퀴자국을 보고도 같은 실수를 저지르는가? 거울로 삼을 교훈은 가까이 있는데 자꾸 같은 실수를 반복하는 사람 또한 얼마나 많은가?

젊은 시절 모질게 고생을 하고도 조금 돈이 생기면 금세 화려한 삶에 빠지는 사람이 있다. 여러 차례 실패의 쓴잔을 마시며 일어섰어도 다시 곤경에 빠지면 쉽게 포기하는 사람도 있다. 능력이 충분한데도 스스로 무능하다는 딱지를 붙여놓고 도전의 기회를 찾지 않는 사람도 있다.

그들 모두는 어린 시절 가졌던 인생의 꿈을 잃어버린 사람들이다. 낙불사촉의 교훈은 자신의 본분을 절대 잊지 말라는 것이고, 그런 굳은 마음으로 살아갈 때 재기의 희망이 있다는 뜻이기도 하다.

젊은 시절 품었던 꿈과 열정을 다시 떠올리자. 자신이 희망과 본분을 절대 잊지 말고, 굳은 마음으로 도전할 때 재기의 시간이 찾아온다. 세상은 그런 사람에게 성공의 기회를 준다.

15

매일매일 혁신하라

눈과 귀를 닫아버린 사람들

어느 어리석은 도둑 이야기

진나라 때 어떤 제후가 망하게 되자 도둑이 그의 텅 빈 집에 뛰어들었다. 도둑은 그 집에서 가장 값나가는 물건을 찾다가 귀하게 생긴 종을 발견하고는 훔치기로 마음먹었다.

굉장히 무거운 종을 훔치겠다고 작정한 것도 이상하지만 그것을 짊어지고 가겠다고 했으니 정말 이상한 도둑이었다. 그가 몇 번 시도 끝에 너무 무거워서 도저히 가져갈 수 없자, 잠시 망설인 끝에 깨뜨려서 조각을 내어 나눠 갖고 가면 되겠다고 생각했다.

도둑은 자신의 잔머리에 회심의 미소를 짓더니 망치를 찾아 꽝 내려쳤다. 그러자 당연히 종이 요란한 소리를 내며 사방에 울려 퍼졌고 도둑은 누가 그 소리를 들을까봐 재빨리 자기 귀를 막았다. 자기만 듣지 않으면 남들도 듣지 못하리라고 여긴 것이다.

이 일화는 전국시대 말기 진나라의 승상 여불위呂不韋가 천하의 문객들을 동원해 만든《여씨춘추呂氏春秋》에 수록된 이야기로, 나쁜 짓을 하고도 다른 사람의 비난이 듣기 싫어 자기의 귀를 막는 어리석음을 비유한다.

아무리 귀를 틀어막아도 남의 귀까지 막을 수는 없으니 소용없는 일인데도 많은 이들이 이런 짓을 반복한다. 송나라의 유학자 주희朱熹는 이 일화에 대해 이렇게 말했다.

> 지도자라면 종소리가 다른 사람에게 들리는 것이 두려워 자신의 귀를 막는 어리석은 짓은 해서는 안 된다.

정치인들이 온갖 비위나 악행을 저지르고도 자신의 눈을 가린다고 백성들이 보지 않는 것이 아니다. 쏟아지는 원성을 듣지 않으려고 귀를 막아도 그 말들이 연기처럼 사라지는 것은 더욱 아니다. 그럼에도 정치인들은 왜 그런 쉽고도 단순한 사실을 간과하는 것일까?

국민의 눈에 뻔히 보이고 귀에도 들리는 말들을 듣지 못하는 정치인들이 너무 많은 오늘이다. 온갖 추문과 비행을 저질러 검

찰청을 들락거리고도 다시 국회의원 선거에 출마를 거듭하는 사람도 있다. 이는 모두 '자기만 듣지 않으면 남도 듣지 못한다고 생각하는 어리석은 행동'을 일컫는 엄이도종掩耳盜鐘의 범주에 속할 위인들이다.

예비군복만 입으면 점잖던 사람도 버릇없는 꼴로 변한다는 말이 있듯이 국회의원 의자에만 앉으면 괴물로 돌변하니 주희의 말이 그냥 나온 것이 아님을 알게 된다.

강을 건너다 칼을 물에 빠뜨렸다

《여씨춘추》에는 이런 이야기도 소개된다. 초나라 사람이 배를 타고 강을 건너다 들고 있던 칼을 강물에 떨어뜨리고 말았다. 그러자 그 사람이 얼른 뱃전에다 표시를 하면서 칼을 빠뜨린 곳이 바로 여기라며 자못 똑똑한 체했다. 이윽고 배가 뭍에 닿자, 그가 표시를 해놓은 그 자리에서 물에 뛰어들었다. 본문은 이렇다.

> 그는 배가 닿자 칼자국이 있는 뱃전 아래 물속으로 뛰어들어 칼을 찾았다. 배는 움직였고 칼은 움직이지 않았는데 이처럼 칼을 찾으니 어찌 의아하지 않겠는가?

이를 '각주구검刻舟求劍'이라고 한다. 이 말은 경직된 생각 때문에 변화하는 상황에 적응하지 못하는 어리석은 자들을 가리킨다. 눈을 감고 귀를 닫고 종소리를 듣지 않으려는 사람과 다를 바 없이 멍청하다. '각주구검'의 이야기 뒤에는 다음 같은 말이 이어진다.

옛 법을 가지고 나라를 다스리는 것도 이와 같다. 시대는 지나갔는데도 법이 변하지 않았으니 이로써 나라를 다스린다면 어찌 어렵지 않겠는가?

결국 엄이도종이나 각주구검은 법에 관한 이야기를 하려고 지어낸 우화들이다. 법이란 사람들의 편익을 위해 만들어져야 하는데 그때그때 변화의 흐름을 따라가지 못한다면 제 역할을 다하지 못하는 것이다.

정부가 시대에 맞지 않는 구시대의 법률을 들이대며 오늘을 사는 사람들을 닦달한다면 누가 납득할 것인가? 우리나라 법률 중에도 40~50년 전에 만들어진 것들이 많아 오늘의 삶에 맞지 않는다는 말을 자주 듣기에 하는 말이다.

대표적으로 '친족상도례親族相盜例'라는 법률이 있다. 형법 제328조에 의하면 친족 간에는 강도죄와 손괴죄를 제외한 절도,

사기, 공갈, 횡령, 배임, 장물 등의 재산 범죄 행위는 형을 면제받거나 감경해 주며 피해자의 직접적인 고소가 있어야 공소를 제기할 수 있다. 예를 들어 어느 연예인의 어머니나 형제 같은 친족이 은밀히 막대한 돈을 빼돌리는 바람에 연예인이 곤경에 빠지는 경우가 그렇다.

이런 법률은 가정사는 원칙적으로 국가 권력이 개입하지 않고 친족 내부에서 해결하도록 하기 위한 취지에서 만들어졌지만, 핵가족이 심화되고 친족 사이의 관계도 날로 흐릿해져 가는 오늘날 이런 제도가 오히려 헌법상의 재산권 보호와 행복추구권을 가로막는다는 반론도 많다. 더구나 이 법률로 인해 친족 간의 갈등이 더 커진다면 빨리 고쳐야 한다.

그럼에도 2012년 헌법재판소는 가정의 평온이 형사처벌 때문에 깨지는 것을 막기 위한 입법 취지가 있다면서 합헌 결정을 내렸다. 가정의 평온은 진즉 깨졌기에 문제가 터졌는데 입법 취지만 따지다니 많은 국민들이 의아해 했다. 그 이후로도 이 법은 여전히 변화가 없다.

10살에서 14살 미만 청소년은 범죄를 저질러도 교도소 구금 같은 형사처벌을 받지 않는다. 촉법소년이라 해서 소년원 수용

등의 보호처분만 받는다. 그럼에도 촉법소년 범죄가 늘어나 사회 문제가 되고 있고, 그들이 일으키는 범죄 행위는 날로 끔찍해지고 있어 촉법소년 상한을 낮추자는 의견이 많지만 당국은 속수무책으로 바라보기만 한다. 그러는 동안 소년들의 모방범죄는 점점 늘어만 가고 국민들의 걱정은 하늘을 찌른다.

"이 제도가 청소년을 보호하자는 취지로 만들었는데, 아이들은 그런 취지를 넘어서는 행동들을 하고 있다."

"심지어 저학년 아이들도 자기가 촉법소년에 해당되는지를 알고 범죄를 저지르는 경우도 있다. 아이들에게 범죄의 심각성을 좀 더 깨닫게 해주면 좋겠다."

범죄를 저지른 아이들에게는 법률이 정한 한도 내에서 따끔하게 가르쳐 줘야 하는데도 올바른 사회인으로 성장할 수 있게 지도하는 것이 어른들이 할 일인데 이를 더 방치한다면 정말 큰일이 일어날지도 모른다.

우리에게 혁신이 필요한 이유

시대에 뒤떨어진 법은 바꿔야 하고 잘못된 제도는 당장 뜯어고쳐야 억울한 사람이 줄어들고 그래야 잘 돌아가는 나라가 된다. 그렇지 않으면 그로 인한 부작용은 끝도 없이 생길 것이다.

기업도 마찬가지다. 불황을 타개하기 위해 많은 기업들이 첨단 경영 시스템을 통해 혁신을 거듭하는데, 어떤 회사는 위기도 느끼지 못하고 여전히 낡은 방식에 매달려 직원들만 들볶는다.

요즘 사회적으로 화제인 챗GPT는 인터넷처럼 단순히 검색되거나 입력된 정보를 보여주는 것을 넘어 주어진 질문과 문맥을 바탕으로 합당한 대답을 생성하거나 주어진 텍스트의 다음 단어나 문장을 예측할 수 있는 첨단기계다.

더 흥미로운 사실은 상대방과의 대화 과정에서 이야기의 내용을 인지하고 일관성 있게 응답할 수 있다는 것이다. 특정한 주제어나 조건이 주어지면 이를 충족하는 시나 소설, 수필을 쓸 수 있을 정도로 창의적이다.

기업하는 사람들에게 이것이 뜻하는 바는 매우 심각하다. 고객의 문의에 응답하거나 고객 만족을 위해 서비스하는 일, 단순한 판매 서비스 같은 분야는 몇 년 이내 사라질 수 있기 때문이다.

그러다 점점 확대되어 많은 분야가 챗GPT에 잠식될 것이다. 따라서 이런 사업 분야 경영자나 종사자는 촉각을 곤두세워야 한다. 아무리 귀를 막고 눈을 가려도 변화는 여지없이 몰아쳐 올 것이기에 그렇다.

혁신은 개인에게도 필요하다. 뭐니 뭐니 해도 사고방식의 혁신이 필요하다. 고정관념, 편견, 아집의 틀에서 벗어나야 한다. 자기 세계에 갇혀서 거대한 변화의 파도를 거부한다면 냄비 속의 개구리처럼 점차적으로 죽게 될 것이다.

기회가 된다면 각계각층의 사람들과 대화를 나눠 보자. 보고 듣고 깨닫는 모든 것에 귀를 열고 눈을 열자. 그리고 무엇보다 중요한 일은 자신의 세계를 깨부수는 것이다. 열린 마음으로 세상을 바라보며 사색을 하자. 사람들과 더불어 함께 하는 삶을 멈추지 말자. 그런 과정에서 변화하는 자신을 발견하게 될 것이다. 엄이도종과 각주구검은 그런 교훈을 주는 고사성어다.

보고 듣는 모든 것에 귀와 눈을 열어라. 무엇보다 중요한 일은 자신의 세계를 깨부수는 것, 항상 열린 마음으로 세상을 보며 사색하라. 사람들과 더불어 함께 하는 삶을 멈추지 말라.

우리는 원하는 결과가 나오지 않으면 곧잘 남 탓, 세상 탓을 하며 책임을 돌린다. ‘너 때문에 일이 이렇게 되었다’, ‘내가 이렇게 된 게 다 누구 탓인데?’ 하며 자신은 책임이 없다고 우긴다. 그러면 기분은 좀 나아질지 모르지만 그렇더라도 결과가 달라지는 것은 아니다. 어떤 일을 해서 원하는 결과가 얻어지지 않더라도 남 탓을 하기 전에 먼저 자신을 돌아보고 잘못된 원인을 찾아야 한다.

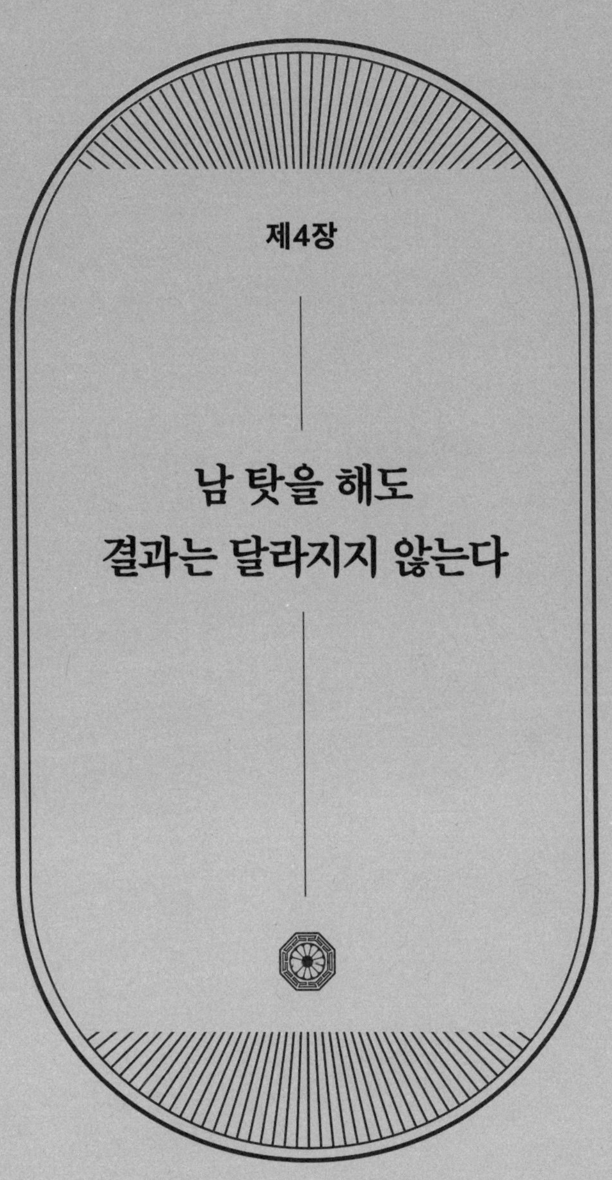

제4장

남 탓을 해도 결과는 달라지지 않는다

16

순간의 선택을 중요시하라

하늘이 주는 것을 취하지 않으면

한신의 비참한 죽음

한신韓信은 중국 역사를 통틀어 가장 뛰어난 장수로, 유방이 천하 패권을 차지하여 한나라를 세우는 데 결정적인 역할을 했다. 그는 최강자 항우와 싸워 나가면서도 다른 한편으로는 조나라와 제나라 같은 군소 국가들도 상대해야 했는데 결과는 당연히 백전백승이었다.

한신은 병법에 밝고 군대 장악력이 출중해서 누구도 상대가 될 수 없었다. 어느 해, 그동안 유방에 복종했던 위나라의 제후 하나가 돌연 항우 편에 붙으려고 했다. 유방이 아무리 설득해도 오히려 한나라를 비난하며 움직이지 않았다.

이 일을 계기로 제후국들이 하나둘 항우 편으로 돌아선다면 골치 아픈 일이기에 유방이 한신에게 응징하라고 명했는데, 그때 한신이 상대할 장수가 백직栢直이라는 말을 듣고 코웃음을 치며 말했다.

"그렇게 입에서 젖비린내 나는 녀석은 저의 상대가 아닙니다. 당장 처단하고 오겠습니다."

유명한 고사성어가 된 '구상유취口尙乳臭'를 내뱉으며 그 길로 달려가 적장 백직은 물론이고 제후까지 사로잡았다. 이런 판국이니 항우는 위기를 느끼지 않을 수 없었다. 언젠가 저 놈 손에 죽게 생겼구나, 이렇게 생각한 항우가 은밀히 사람을 보내 초나라로 넘어오면 후대하겠다고 회유했다.

하지만 항우는 사람을 잘못 보았다. 한신은 유방을 배신할 생각이 추호도 없었기에 단호히 거절하고 일전불사를 선언했다. 한신은 이렇게 말했다고 한다.

"한왕漢王-유방은 내게 옷을 벗어 입혀 주고 밥을 나눠주었으며 내 생각을 기꺼이 받아주었기에 내가 여기까지 이를 수 있었소. 나를 그토록 신뢰하는데 어찌 배신할 수 있겠소?"

이때 한신의 책사 괴통蒯通이 간언했다.

"천하의 대세가 주군의 손에 의해 좌우되니 유방과 항우 사이에서 조정자 역할을 하십시오. 반드시 확고한 위치를 차지하게 될 것입니다. 항우의 제안을 받으십시오. 하늘이 주는 것을 취하지 않으면 도리어 화를 입고, 때가 이르렀어도 행하지 않으면 화를 입게 됩니다."

괴통은 지금 한신에게 천하를 손에 쥘 절대정명의 기회가 왔으니 꽉 잡으라고 말하고 있다. 하지만 한신은 끝내 그 말을 무시했고, 결국 나중에 역모의 죄를 뒤집어쓰고 유방에 의해 처참히 제거되고 말았다. 유방이 한나라 황제에 올랐을 때, 신하들에게 한신을 가리키며 이렇게 말한 적이 있었다.

"백만의 병사를 거느리고 나아가 싸우면 반드시 이기고 공격하면 반드시 빼앗는 일에 한신보다 잘하는 사람이 없으니, 한신이 나를 이 자리에 오르게 했다."

그러나 문제는 한신이 거느린 막강한 군대였다. 그가 마음만 먹으면 나라를 쥐고 흔들 수 있다는 위기감이 서서히 유방의 머리를 아프게 했고, 항우를 제치고 대륙의 주인이 되었을 때는 그에게 몰려들어 온갖 아부와 이간질의 말을 쏟아내는 신하들로 가득했다.

하늘이 주는 것을 순순히 취하지 않으면 그로 인해 화를 입게 된다는 말을 '천여불취 반수기구天與不取 反受其咎'라 한다. 기회가 왔을 때 잡지 않으면 도리어 재앙을 당하게 된다는 괴통의 말은 여지없이 들어맞았다. 유방이 신하들의 상소에 못 이기는 척하면서 한신을 불렀다. 짧았지만 누구보다 격렬했던 삶에 종지부를 찍는 마지막 순간에 한신은 이렇게 뇌까렸다고 한다.

약삭빠른 토끼가 죽으니 토끼를 잡던 사냥개가 삶아지고
높이 나는 새가 사라지니 좋은 활이 감추어진다.

이 말은 우리가 너무나 잘 알고 있는 고사성어 '토사구팽兎死狗烹'이다. 토사구팽이란 말은 오래 전에 오나라와의 오랜 반목을 끝낸 뒤, 월나라 왕 구천이 충신 범려와 문종을 내칠 때 억울한 심정을 토로하며 범려가 내뱉었던 말이기도 하다.

천하삼분지계

괴통이 제안한 항우와 유방 사이에서 조정자 역할을 하라는 조언은, 달리 말하면 세 사람이 각각의 땅을 차지하며 어깨를 견주라는 뜻이었다. 힘의 저울추가 어디로도 기울지 않도록 중심을 잡는 역할을 한다면 한신의 몸값은 하늘을 찌를 것이다.

만약 한신이 괴통의 말대로 했더라면 어떻게 되었을까? 그랬더라면 유방의 한나라, 항우의 초나라, 그리고 한신이 세운 나라가 균형을 이루는 전혀 다른 역사가 전개되었을지 모른다.

괴통이 제안한 '천하삼분지계天下三分之計'는 천하가 세 갈래로 나뉘면 세력들끼리 서로가 서로를 견제하기 때문에 어느 한쪽이 특별히 강해지지 않는 한 오래 존속할 수 있기에 나온 계책이다.

이 전략은 400년 후에 제갈량이 유비에게 제안하여 마침내 완성된다. 이것은 약자의 생존전략으로, 장차 대세 장악을 도모할 수 있는 기반을 닦기 위한 계책이다. 제갈량은 촉나라의 협소한 영토와 부족한 인구 등 현실을 감안하여 위나라와 오나라 사이에서 천하를 삼분하는 일로부터 시작하라고 제안했던 것이다.

그러나 오늘날의 시각에서 보면 이 계책에는 치명적인 함정이 있다. 하나를 제외한 둘이 손을 잡으면 한쪽에 매우 어려운 국면이 펼쳐진다는 것이다. 이것이 바로 유비와 조조, 손권이 허구한 날 전쟁을 멈추지 않고 그때그때 상황에 따라 야합과 배신을 반복했던 이유다.

더구나 한신 같이 의협심으로 똘똘 뭉친 사내에게 천하를 삼분하라는 계책은 도무지 맞지 않는 일이었을 것이다. 배반은 그의 사전에 없어 항우와 손을 잡을 생각이 전혀 없었다. 유방이 대륙의 주인이 되는 한 앞으로 영예로운 삶이 기다리고 있을 테니 그럴 이유도 없었다. 실제로 한신은 유방의 천하통일 이후 잠깐 제후 노릇을 하기도 했다.

그러나 한신의 희망대로 되지 않았다. 한신에게 역모 혐의가 있으니 단죄하라는 상소문과 그의 죄목을 나열해 놓은 상소문이 산을 이루고, 어제까지 동지였던 사람들마저 한신을 죽여야 한다고 악을 썼다. 유방은 몇 날 며칠을 고뇌하는 척하다가 끝내 한신을 지옥으로 보냈다. 그때 한신의 귀에는 괴통의 말이 쟁쟁했을지 모른다.

기회라는 것의 진짜 의미

대장간에 가보면 대장장이가 쇠를 높은 온도의 불에 달군 다음 원하는 모양을 만들기 위해 끊임없이 두드리는 작업을 한 후에 물이나 기름에 넣어 급격하게 식히는 작업을 반복하는 광경을 볼 수 있다.

시뻘겋게 달궈진 쇠붙이를 여러 번 담금질하여 강한 연장을 만드는 모습을 보노라면 우리네 삶과 닮았음을 알게 된다. 우리도 그렇게 스스로를 수없이 담금질하면서 인생이라는 들판을 달려 나가기 때문이다.

대장장이가 쇠를 두드리는 소리를 들어본 적 있는가? 그 정확한 리듬과 소리의 강약이 조화를 이루어 최강의 연장을 만들어

내는 모습 말이다. 실패할 경우도 있다. 갑자기 불에 달궈진 쇠가 뚝 부러지거나 아무리 두들겨도 모양이 나오지 않는 때 말이다.

그러면 대장장이는 과감히 그것들을 다시 불속에 넣어 녹여 버린다. 다시 연장으로 만들어지는 쇠에게는 기회가 남아 있는 셈이다. 어쩌면 두 번, 세 번 더 남았을지도 모른다.

"그냥 버려지는 쇠는 없어요. 불에 덜 달구어졌거나 두드림이 부정확하거나 그런 경우가 대부분이에요."

대장장이의 말대로 누구에게나 기회는 남아 있다. 기회를 박탈당하고 폐기처분되는 사람은 아무도 없다. 누구에게나 세 번의 기회는 찾아온다는 말도 있지 않은가.

문제는 무엇이 기회인지 몰라 그냥 흘려보내는 일이 있다는 것이다. 그러나 분명한 사실은, 기회란 아무것도 하지 않고 무작정 제 발로 걸어오길 기다리는 사람에게는 오지 않는다. 그렇기에 기회는 준비된 자에게만 온다고 하는 것이다. 그렇기에 당신에게 이렇게 물을 수 있다.

"당신은 지금 기회를 만들기 위해 무엇을 어떻게 준비하고 있는가?"

한신은 다른 꿍꿍이가 있어서 유방에게 헌신한 것이 아니었다. 자신을 귀하게 받아준 군주를 위해 목숨 바쳐 싸웠을 뿐이다. 그가 기다린 기회는 유방이 영도하는 한나라 정권에서 죽을 때까지 충성하면서 자신의 역량을 맘껏 발휘하는 신하로 남는 것이었다.

그렇지 않다면 한신은 어쩌면 오래 전에 한나라와 초나라 사이에서 조정자 역할을 맡았거나, 아니면 정말로 한나라를 무너뜨리고 스스로 황제의 자리에 올랐을지 모른다. 전쟁에는 천재였지만 정치에는 바보였던 한신은 쓴웃음을 지으며 지옥의 계단에 올랐다.

하늘이 준 기회를 걷어차 버림으로써 스스로 재앙의 길을 걸어 들어갔던 한신의 삶에서 우리에게 기회라는 것이 어떤 의미가 있는지를 다시 생각해 본다. 만약 당신이 한신이라면, 그때 그 순간 어떤 선택을 할 것인가?

하늘이 주는 것을 취하지 않으면 화를 입게 되고, 때가 왔어도 행하지 않으면 화를 당하게 된다는 교훈을 잊지 말자. 기회가 왔다면 즉시 행동하라. 그것을 잡아야 인생이 바뀐다.

17

가정과 가족의 소중함을 잊지 마라

아버지를 고발한 아들 이야기

프랑코 총통의 일벌백계

스페인 내전은 1936년부터 1939년까지 스페인에서 파시즘, 공산주의, 민주주의 등 갖가지 이념과 유럽 여러 나라들이 저마다의 이익에 따라 격전을 치른 전쟁이다. 역사가들은 스페인 내전이 2차 세계대전의 예고편이었다고 말한다.

1936년 7월 모로코에서 프란시스코 프랑코 장군이 쿠데타를 일으키며 시작된 내전은 1939년 4월 반대 세력인 공화파 정부가 항복함으로써 반란군의 승리로 끝났다. 이 내전으로 인해 스페인 전 지역은 황폐화되었고 50만 명 이상이 사망하는 비극을 낳았다.

그 뒤 프랑코 총통은 스페인을 철권통치로 이끄는 군사독재자가 되어 악명을 떨쳤다. 불과 90여 년 전에 벌어졌던 참혹한 전쟁에 대해 스페인 사람들은 물론이고 유럽인들까지도 치를 떨며 그때의 참상을 기억하고 있다.

헤밍웨이의 《누구를 위하여 종은 울리나For Whom the Bell Tolls》는 스페인 내전을 바탕으로 집필한 소설이다. 전쟁의 잔혹함을 그리면서 인류의 연대와 평화가 얼마나 중요한지를 강조한 이 소설은 전 세계 독자들에게 큰 파문을 일으켰다.

피카소의 대표작인 〈게르니카Guernica〉는 스페인 내전이 한창이던 1937년 4월 나치독일군이 스페인 게르니카 지역을 무차별 폭격하는 참상을 그린 작품이다. 그림은 독일군의 폭격으로 수많은 사람들이 절규하고 희생되는 광경을 거대한 벽화 형상으로 표현하고 있다.

프랑코 장군이 모로코에서 반란군을 지휘할 때 일이다. 배급된 음식이 너무 형편없는 것들이어서 병사들의 불만이 들끓었다. 그가 어느 부대를 시찰할 때, 한 병사가 프랑코를 향해 들고 있던 식판을 던지며 소리쳤다.

"이 따위 것을 먹으라고 하다니, 말이 되는가?"

병사들의 시선이 모아진 가운데 갑자기 봉변을 당한 프랑코는 어찌 된 일인지 묵묵히 바라보다 급식 담당 장교를 불러 당장 식사의 품질을 높이라고 호통을 친 다음 다른 장교를 불러 단호하게 말했다.

"저 병사를 끌어내 즉각 총살하라!"

조직의 병폐를 고쳐달라고 건의하는 일은 당연히 필요하다. 그러나 지휘관은 부모와 동급인데 기본적인 예의를 상실한 병사는 용서할 수가 없었다.

그는 당장 총살당했고, 이때부터 프랑코가 이끄는 반란군은 어떤 군대보다 기강이 잡힌 병사들로 유명해졌다. 프랑코 총통은 이후 40년 가까이 스페인을 이끌면서 병사들을 집권의 최일선에 내세워 공포의 군사독재를 이어갔다.

고대중국의 법치주의자들은 법은 냉정하고 엄격해야 한다고 말했다. 법을 집행하면서 어설픈 인정이나 동정심 따위에 기울면 법의 기둥뿌리가 흔들리고 백성의 신뢰를 얻지 못하게 되기 때문이라는 게 그들의 논리였다. 그래서 생긴 말이 일벌백계一罰百戒다.

병사들이 먹는 음식이 부실하다면 반드시 개선해야 하지만 그 때문에 상관에게 무례하게 대드는 병사를 내버려 두는 것은 위계질서를 흔드는 일이기에 단호히 응징해야 한다. 프랑코는 지휘관으로서 당연한 일을 수행한 것이다.

장수가 선심을 남발하면 병사들의 기강은 여지없이 무너지지만 선심은 쓰더라도 냉정함과 질서를 앞세워야 병사들이 긴장의 끈을 놓지 않는다. 이것이야말로 지휘관의 기본적인 자세가 되어야 한다는 것이 프랑코 총통의 신념이었다.

아버지를 고발한 아들

초나라의 실력자인 섭공葉公이 공자에게 말했다.

"우리 마을에 몸가짐이 정직한 사람이 살고 있는데, 아비가 양을 훔치자 아들이 그 일을 고발하고 증언을 섰습니다."

자기 마을에 아비의 도둑질을 고발할 정도로 올곧은 사람이 있다는 자랑이었다. 그러자 공자가 머리를 흔들며 말했다.

"우리 마을의 정직한 사람은 그와 다릅니다. 아버지는 아들을 위해 숨겨주고 아들은 아버지를 위해 숨겨주는데, 정직함은 바로 그런 가운데 있습니다."

《논어》〈자로〉편에 나오는 문장이다. 직궁直躬이란 젊은이가 도둑질을 한 아버지를 고발하고 증인까지 섰다는 이야기를 듣고 공자는 친족 간의 예의를 무시한 지나친 정직은 정도에 어긋나는 일이라고 말한다.

달리 말해서 친족 간에 설령 불의한 일을 저지른 사람이 있더라도 덮어 주는 것이 인간의 도리라는 것이다. '직궁증부直躬證父'라는 고사성어가 여기서 나왔다. 이 말은 자식은 아비를 위해 나쁜 것은 감춘다는 의미의 '자위부은子爲父隱'과 같은 뜻으로 쓴다. 부지지간의 천륜과 효심은 무슨 일이 있더라도 저버려서는 안 된다는 뜻이 함축된 고사성어다.

하지만 아버지의 부정행위를 무조건 눈감아줘야 할까? 언론에는 가족 간의 불화와 폭행, 살인 같은 강력사건이 자주 보도된다. 자식을 괴롭히는 아버지, 아버지를 때리거나 죽이는 아들 이야기가 끊이지 않는데, 현대인의 시각에서 아비를 위해 나쁜 일은 감춰줘야 한다는 공자의 말씀을 어떻게 이해해야 할까?

효孝는 동양에서 충忠과 함께 가장 중요하게 여긴 가치관이다. 공자, 맹자, 주자 등 유가儒家 계열의 사상가들은 효를 세상 무엇보다 중요한 가치로 인식하여 인간 삶의 기본적인 자세로 권장했다.

특히 한반도에서 효 사상은 충과 나란한 가치로 여겨 신체발부 수지부모身體髮膚 受之父母나 군사부일체君師父一體 같은 이념이 철칙처럼 지켜졌다. 효는 높게는 천자에서부터 낮게는 서인까지 모든 신분계층에 똑같이 적용되는 윤리 규범이어서 누구도 이를 무시할 수 없었다.

그러나 시대가 변한 오늘날에도 어김없이 적용되는 불문율인지는 의문이다. 가족 해체라는 말이 너무도 쉽게 들리는 오늘날 효의 의미와 가치, 그리고 실제 행동 방향을 재해석할 필요가 있지 않을까 싶다.

효와 우애가 필요 없는 세상

2021년 기준 우리나라의 1인 가구는 전체 가구의 33.4%를 차지한다고 한다. 이 같은 수치는 프랑스 37.8%, 스웨덴 45.4%보다는 낮지만 합계출산율이 프랑스 1.8명, 스웨덴 1.66명으로 한국의 0.78명보다 훨씬 높다는 점에서 차이점을 발견하게 된다.

우리나라 1인 가구는 전체 가구의 3분의 1이 넘는다. 그만큼 흔한 삶의 유형으로 정착된 것이다. 1인 가구의 증가는 필연적으로 가족 간의 거리를 멀게 해서 이웃사촌보다 못한 관계로 전락시켰다. 1년에 두 번 명절 때나 겨우 부모를 만난다는 자식들이 많은 이유다.

요즘은 스마트폰만 켜면 언제든 부모와 화상통화를 할 수 있으니 굳이 자주 만날 필요 없다고 말하는 자식들도 많다. 하지만 화상통화는 보여주고 싶은 것만 보여주기 때문에 진정한 소통과는 거리가 멀다. 얼굴을 보여준다고 효도를 다했다고 할 수는 없기 때문이다.

1인 가구를 선호하는 사람들이 늘어날수록 평생 혼자 사는 생애미혼율도 증가하게 된다. 전문가들은 2040년에는 1인 가구로 살아가는 남자가 전체의 37.6%, 여자는 24.7%로 늘어날 것이라고 말한다. 날이 갈수록 혼자 사는 사람들이 늘어날 거라는 얘기다.

1인 가구의 확대는 출산율과 밀접한 관계가 있다. 매년 하락하는 인구증가율은 앞으로 우리나라의 존립 자체를 위협하는 중대 문제가 될 거라는 예상도 있을 만큼 심각하다. 우리나라가 지구상에서 사라진다고? 그런 건 후손들 얘기니 상관없다고 생각할 일이 절대 아니다.

우리나라에 '아들딸 구별 말고 둘만 낳아 잘 기르자'는 표어가 나온 뒤 얼마 지나지 않아 '둘도 많다'는 표어가 세상을 뒤엎던 시기는 1983년이었다. 셋만 낳아도 다둥이 가족이라며 시장군수가 달려가 금품을 주는 오늘날, 지금으로부터 정확히 40년 전에는 무슨 생각으로 이런 표어를 만들어 자식 많이 낳는 걸 죄악시했을까?

정부는 매년 인구문제를 해결하기 위해 천문학적인 돈을 쏟아

붓는데 정작 젊은 부부들은 자식을 낳지 않고 인구는 나날이 줄어든다. 그동안 출산 대책으로 역대 정부가 쏟아 넣은 돈이 수백조에 이른다니, 그 많은 돈으로 무엇을 얻었는지 이해가 되지 않는다.

결혼하는 사람들에게 몇 백만 원 주고 아이를 낳으면 또 얼마를 준다는 식의 미봉책은 전혀 도움이 안 될 것이라고 사람들은 말한다. 더 근본적인 문제 해결 방안이 시급하다는 얘기다.

가족의 해체는 가족끼리 자주 만날 수 없게 만들기 때문에 자연스럽게 효와 우애가 필요 없는 세상을 만든다. 그런 고리타분한 습속은 버릴 때가 되었다는 말을 서슴지 않고 내뱉는 젊은이들이 많은 이유다. 사회가 각박하고 힘들수록 가정과 가족의 소중함을 생각할 때다. 자위부은이라는 공자의 말씀은 바로 이런 의미를 담고 있는 것이다.

효와 우애는 진부한 이야기가 아니다. 사회가 각박하고 힘들수록 가정과 가족의 소중함을 생각하자. 가족은 우리가 세상을 살아가는 가장 기본적인 이유이자 근거임을 잊지 말자.

18

자신의 내면을 탄탄하게 하라

보고 싶은 것만 보고,
믿고 싶은 것만 믿는다

더닝 크루거 효과

'더닝 크루거 효과Dunning-Kruger effect'라는 심리학 용어가 있다. 능력이 없는 사람은 자주 잘못된 판단을 내려 결국 잘못된 결론에 도달하는데도 원래 무능하기 때문에 자신의 실수를 깨닫지 못하는 현상을 가리킨다.

이 때문에 그는 자신의 실력을 실제보다 평균 이상으로 높게 평가하는데, 반면에 능력 있는 사람은 평소에 자신의 실력을 과소평가하는 경향을 보인다.

더닝 크루거 효과는 코넬대학교 심리학 교수 데이비드 더닝David Dunning과 저스틴 크루거Justin Kruger가 제안한 것으로 코넬대학

교 학생들을 대상으로 독해력, 자동차 운전, 체스, 테니스 등 여러 분야의 능력을 실험해 보니 능력 없는 사람은 다음과 같은 경향을 보인다는 사실을 발견했다.

1. 자신의 능력을 과대평가한다.
2. 다른 사람의 진정한 능력을 알아보지 못한다.
3. 자신의 능력 부족 때문에 생긴 곤경을 깨닫지 못한다.

자기 능력을 높이 평가하니 늘 자신만만하고 타인의 능력을 알아보지 못하니 주변에 유능한 동료가 없으며 자신의 능력 부족을 알지 못하니 언제나 남 탓, 세상 탓만 한다.

또한 이들의 특징은 자신이 잘났다고 믿고 있기에 남들에게 자신의 능력을 과시하려고 한다. 자신의 경험만이 특별하다고 믿고, 자신의 능력이 남보다 우월하다고 생각하기 때문에 잘난 체하고 싶은 것은 이해하지만 그런 성향이 지나치면 문제가 커진다.

이런 사람들에게는 특별한 공통점이 하나 있다. 잘난 척이 지나쳐서 언제 어느 때든 남을 가르치려든다는 것이다. 흥미롭게도, 《맹자》 〈이루 상離婁 上〉편에 이런 말이 나온다.

사람의 병폐는 다른 이들의 선생이 되기를 좋아하는 데 있다.

자신의 진짜 능력은 생각하지 않고 조금 아는 걸 가지고 많이 아는 체하면서 함부로 남을 가르치려드는 태도야말로 군자인 척하는 자들의 고질적인 병폐라는 일침이다. 맹자는 이들을 '호위인사好爲人師'라 불렀다.

춘추전국시대는 한 치 앞을 내다볼 수 없는 형세라 그때그때 형편에 따라 임기응변으로 살아갈 방도를 제시하는 호위인사들이 아주 많았다. 대표적인 사람이 합종연횡책合從連橫策으로 유명한 소진蘇秦과 장의張儀였다.

소진은 강대국 진나라에 맞서기 위해 약소국들이 똘똘 뭉쳐 맞서는 합종책을 주장했고, 장의는 차라리 진나라와 약소국들이 한 울타리에 들어가는 동맹을 맺어 살 길을 찾아야 한다는 연횡책을 주장해 각자 신념을 관철시켰지만 그들이 처음부터 잘 나갔던 것은 아니었다.

장의는 젊은 시절 동문수학한 소진이 승승장구할 때 초나라의 어느 재상의 집에서 식객 노릇을 하며 지냈다. 어느 날 그의 집에서 열린 연회에 갔다가 도둑 누명을 쓴 장의는 죽도록 매를 맞고 피투성이가 되어 집에 돌아와서 아내에게 물었다.

"내 혀가 아직 남아 있소?"

아내가 아직 남아 있다고 하자 장의는 그럼 됐다고 했다. 세월이 흘러 연횡책으로 소진이 이뤄놓은 합종책을 깨는 데 성공한

장의는 진나라 재상에 오르게 되고, 그 후 자신을 매질했던 초나라 재상에게 편지를 보냈다.

"지난 날 그대는 내가 도둑질을 하지 않았건만 죽을 만큼 매질을 했다. 이제 그대는 나라를 잘 지켜라. 내가 그대의 나라를 훔칠 테니."

나라를 위태롭게 만드는 사람들

사마천은 소진과 장의 같은 인물을 세상을 현혹하고 나라마저 위태롭게 만든다는 '경위지사傾危之士'라 불렀다. 이것은 많은 사람들이 온갖 궤변으로 군주의 마음을 흔들어놓고는 나라가 망가지면 잽싸게 도망치는 경우가 허다했기에 생긴 말이다.

어느 나라 역사를 돌아봐도 경위지사들은 허다하다. 그들이 군주를 망치고 나라까지 망친 사례는 역사책에 차고도 넘친다. 그럼에도 지난 역사에서 교훈 삼지 않고 권력자의 자리에 오르기만 하면 입에 꿀을 바르고 듣기 좋은 말을 하는 신하들을 가까이 두려는 자들이 많으니 문제다. 공자는 이런 식으로 왕의 마음을 흔드는 간신들을 5가지 유형으로 구분했다.

1. 항상 딴마음을 먹고 있는 음험한 자
2. 말에 사기성이 농후한데 달변인 자
3. 행동이 한쪽으로 치우쳐 있고 고집만 센 자
4. 뜻은 어리석으면서 지식만 많은 자
5. 비리를 저지르며 혜택만 누리는 자

더닝 크루거 효과에서 말하는 '무능한 사람은 잘못된 판단을 내린 까닭에 늘 잘못된 결론에 도달하지만 원래 능력이 없기에 자신의 실수를 알아차리지 못한다'는 말은 누구에게 해당될까? 경위지사들의 말에 속아 넘어가고 그들이 가리키는 방향으로 줄달음치는 제왕들을 빗대는 말이 아닐까?

이런 왕일수록 자신의 능력을 높이 평가하는데, 그렇기에 말도 안 되는 자신감으로 경위지사들의 말을 그대로 실행한다. 이것이 나라가 망하는 법칙의 첫 번째다. 바로 자신의 생각이 무조건 옳다는 식으로 나가는 제왕의 착각 말이다. 망한 나라, 망한 가문, 망한 인간에게는 반드시 이런 정신 상태라는 공통점이 있다.

'정의를 부르짖는 사람일수록 그 자신은 정의롭지 않다'는 말이 있다. 정의를 바로 세우겠다며 팔을 걷어붙였던 자가 몇 년 후 수십억의 부정한 돈을 받아먹었다가 감옥에 간 경우가 그런 사례일 것이다.

심리학에서는 이런 사람일수록 '확증 편향'에 빠져 있는 경우가 많다고 한다. 확증 편향이란 자신의 가치관이나 신념, 판단에 부합되는 정보에만 집착하고 다른 정보는 깡그리 무시하는 사고방식을 말한다. 한 마디로 보고 싶은 것만 보고 믿고 싶은 것만 믿는 행위다.

우리도 역대 왕조를 통해 그런 왕을 겪었다. 일방통행적이고 고집불통인 군주, 자기의 신념만이 우월하다는 고집으로 일관했던 통치자들 말이다. 나라를 이끄는 사람이 이런 식이면 나라가 망하는 건 순식간이다.

오늘날의 경위지사들

요즘엔 어디를 가나 꼰대들이 너무 많다고 말한다. 세대 격차가 날로 커지는 현실에서 꼰대들은 아랫사람이 전부 마음에 들지 않는다고 말하기에 문제가 커진다. 어떤 '꼰대 전문가'는 세상의 모든 꼰대들의 특징을 이렇게 규정했다.

1. 자기의 말이 전적으로 맞는다고 생각한다.
2. 자신이 다른 사람들을 바꿀 수 있다고 믿는다.

3. 듣기 전에 말하고, 묻기 전에 대답하는 습관이 있다.

진정한 존경이란 권리가 아니라 자신이 이뤄낸 성취에 대한 보답으로 받는 대우인데, 성취는 없이 존경만 바라는 선배라면 그가 바로 꼰대라고 한다. 당신이 만약 앞에 열거한 꼰대들의 특징에 하나라도 해당한다면 심각하게 자신을 돌아봐야 할 것이다.

오늘날 전문가를 자처하는 꼰대들이 아주 많다. 별것 아닌 이야기를 현란한 말솜씨로 포장하는 사람들이 그렇다. 예를 들어 정치평론이 그런데, 어떤 이들은 유튜브를 통해 말이 안 되는 이야기를 마음껏 떠들어대고는 엄청난 돈을 번다고 한다.

그만큼 구독자가 많다는 뜻인데, 그런 편향된 말을 듣고 카타르시스를 느끼는 사람들이 많다니 걱정스럽기까지 하다. 정치평론은 자격증이 따로 있는 게 아니라 언론계에 종사했거나 정치계에 몸담았던 사람이 자신의 경험과 식견에 '말빨'을 보태고 자기의 정치 성향을 섞어서 발언하면 그것에 머리를 끄덕이는 시청자들이 애독자가 되는 것이다.

정치평론가는 각양각색이다. 어떤 원로는 호랑이 담배 피우던 때 얘기를 즐겨 해서 70년대부터의 경험을 늘어놓지만 너무 잘 알려진 뻔한 스토리여서 눈살이 찌푸려진다. 그런가 하면 어떤 40대 평론가는 정부 여당의 잘못을 혹독하게 비판하는데 자기의 말에 너무 흥분한 나머지 같은 말을 자꾸 반복한다.

이런 현상은 TV에 나와 이렇게 하면 성공한다, 저렇게 하면 돈을 번다고 입에 거품을 물고 말하는 자기계발 강사들도 마찬가지다. 성공이란 저마다 다른 유형의 테마로, 모든 사람들에게 100% 정확하게 적용할 수는 없다. 큰돈을 버는 것, 자기 분야 최고가 되는 것, 탐험가나 발명가가 되는 것 등등 사람마다 목표가 다른데 몇 권의 책들로 신념과 희망을 얻고 성공으로 가는 지름길을 찾기는 어렵다.

이제부터 귀에 울림이 없고 심장에 전해지지도 않는 소리를 늘어놓는 호위인사들의 말에 속아 넘어가지 말자. 성공하고 싶다면 자신의 내면을 탄탄하게 만드는 경험과 일에 주력하자. 그렇게 쌓아진 실력으로 최선을 다하며 살아가는 사람이 진짜 성공자다.

성공하고 싶다면 자신의 내면을 탄탄하게 만드는 경험을 쌓고 자기의 목표에 집중하자. 그렇게 쌓은 실력으로 포기하지 않고 최선을 다하며 살아가는 사람에게 성공은 찾아온다.

19

결과에 대한 책임을 져라

남 탓을 해도
결과가 달라지지는 않는다

어느 장수의 내 탓

하나라 우임금 때, 제후 유호씨有扈氏가 반란을 일으키고 거침없이 쳐들어 왔다. 이에 왕자 백계伯啓가 대군을 이끌고 나가 맞서 싸웠지만 끝내 패하고 말았다.

이 일로 영토 일부를 빼앗기고 아군 병력 일부가 훼손되었다. 무엇보다 뼈아픈 일은 하나라 땅에서 벌어진 전투인데다 아군의 병력이 월등한데도 패배한 것이어서 아무리 변명을 해도 모양 빠지는 일이었다.

병사들이 뜻밖의 패배를 인정하지 않고 다시 싸울 것을 건의하고, 백성들도 더 이상 그대로 놔두면 자칫 유호씨 천하가 될 거라 생각해서 당장 쳐들어가 적들을 짓눌러 버리자고 했다. 우 임금조차 왕자에게 다시 싸우라고 권할 정도였지만 백계는 머리를 흔들었다.

"나는 그들보다 많은 병력에도 참패하고 말았다. 이는 내가 부족한 탓이고 부하들을 통솔하는 방법이 잘못되었기 때문이다. 따라서 먼저 나 자신부터 잘못을 찾아 고쳐 나가겠다."

이후 백계는 자신을 더욱 단련하고 연마하여 백성들의 존경을 받는 인물이 되었고, 나라도 한층 강한 나라로 키워 하나라를 누구도 넘보지 못할 강국으로 만들었다. 얼마 후, 유호씨도 옛날과 달라진 하나라의 위세에 눌려 스스로 무릎을 꿇었다.

백계가 말한 '먼저 나 자신에게서 잘못을 찾아 고쳐 나가겠다'는 다짐을 '행유부득 반구저기行有不得 反求諸己'라 한다. 이 말은 《맹자》〈이루 상離婁 上〉편에 나오는데, 어떤 일을 해서 원하는 결과가 얻어지지 않더라도 남 탓을 하기 전에 먼저 자신을 돌아보고 잘못된 원인을 찾아야 한다는 뜻이다.

우리는 원하는 결과가 나오지 않으면 곧잘 남 탓, 세상 탓을 하며 책임을 돌린다. '너 때문에 일이 이렇게 되었다', '내가 이렇게 된 게 다 누구 탓인데?' 하며 자신은 책임이 없다고 우긴다. 그러면 기분은 좀 나아질지 모르지만 그렇더라도 결과가 달라지는 것은 아니다.

일국의 왕이 이런 태도가 습관이라면 문제가 심각하다. 기근이 와도 고집불통 신하 탓, 장마가 오래 계속되어도 게으른 백성 탓, 전쟁이 일어나도 장수 탓, 모든 걸 남 탓으로 돌리면 자신의 무능을 스스로 인정하는 꼴이 된다.

이런 왕은 대개 남의 나라 침공을 받거나 반란 세력에 밀려 자리에서 쫓겨나기 일쑤다. 춘추전국시대에는 어제까지 왕이었던 사람이 하루아침에 죄인이 되어 죽임을 당하거나 유배지를 떠도는 경우가 비일비재했는데, 이를 '호변서虎變鼠'라고 한다. 호랑이였던 신분에서 하루아침에 시궁쥐로 전락하는 신세가 된다는 뜻이다.

어느 경영자의 남 탓

젊은이들을 위한 셔츠를 만들어 시장에 내놓는 어느 회사에서 여름 성수기를 위해 새로운 상품을 만들었다. 이 회사는 디자인팀에서 10개 이상의 디자인 샘플을 제출하면 그 중에 가장 훌륭한 작품 몇 개를 직접 제작 판매하는 10년 차 기업이었다.

사장은 이번에 디자인 팀장은 물론이고 디자인 팀원들도 대거

교체하여 기존의 회사 색깔을 지운 새로운 상품으로 여름시장에 도전하고 싶었다. 단순히 새롭기만 해서는 안 된다. 유행을 한 발짝 앞서되 소비자의 마음을 획득해야 한다. 사장은 거금을 투자하여 이번 시즌에 대비했다.

마침내 주력상품 선정회의가 열렸다. 디자인 팀장은 요즘 유행보다 한 발 앞선 디자인 A와 최근 트렌드에 맞는 디자인 B와 C를 추천하며, 특히 A가 트렌드를 선도하는 상품이 될 거라고 자신 있게 장담했다.

나름 감식안이 있다고 자부하는 사장은 예상 밖의 낯선 디자인에 당황했다. 트렌드에 너무 앞서 나간 디자인이었기 때문이다. 하지만 회의 참석자들 대부분이 호의적인 평가여서 대놓고 No라고 말할 수 없었다.

더구나 마케팅 팀장이 만족한 표정을 지으며 A를 주력상품으로 하고 B와 C를 따로 만들자고 말했다. 그렇게 하면 시장 석권은 문제없을 거라고 호언장담까지 하자, 다른 참석자들도 좋겠다며 동의했다.

사장은 몇 가지 이의를 제기하고 싶었지만 꾹 눌러 참고 디자인 팀장과 마케팅 팀장의 의견대로 결정하기로 했다. 새로 시작하는 디자인 팀장의 기를 살려 주고 싶었고, 능력 있는 마케팅 팀장의 말이니 믿음이 갔다.

그 이후 일사천리로 진행되어 5월 초에 전국 시장에 여름 성수기를 겨냥한 신상품들이 쫙 깔렸다. 시장은 전쟁터와 같다. 수많은 경쟁기업들이 저마다 독특한 디자인으로 소비자들의 관심을 끌기 위해 싸움을 벌인다.

마침내 5개월 후인 10월, 결실의 계절이 되었다. 결과는 어떻게 되었을까? 이 회사는 풍요로운 수확 대신 모두들 수심에 차서 서로의 눈길을 피했다. 신상품들이 참혹한 실패로 끝나고 말았던 것이다.

시장의 반응은 냉정했다. A는 시대를 너무 앞서간 디자인이라는 말을 들었고, B와 C는 다른 상품보다 디자인이 진부하다는 말을 들었다. 특히 A는 시장 상황을 반영하지 않은 디자인이니 실패는 당연하다는 말도 들었다. 누구보다 놀란 것은 사장이었다. 이렇게 시장 예측에 틀린 적이 없었는데, 왜 이렇게 되었지?

누군가 책임을 져야 한다. 디자인 팀장에 1차적인 책임이 있고, 여기에 동조한 마케팅 팀장도 마찬가지였다. 사장은 책임을 묻는 결단을 내리기 전에 업계 선배를 찾아가 고민을 털어놓았다. 선배는 한참 생각 끝에 이런 말을 던졌다.

"직원들은 어디까지나 제안했을 뿐이고 최종적인 결정은 자네가 하지 않았나? 그렇다면 책임이 누구에게 있을까? 어떤 일을 해서 원하는 결과가 얻어지지 않았을 때 남 탓을 하기 전에 먼저 자신을 돌아보고 잘못된 원인을 찾아야 하지 않겠나?"

사장은 할 말을 잃었다. 당연하다. 직원들은 제안을 했을 뿐이고 최종 결정권을 행사한 사장이 직원들에게 책임을 묻는다면 말이 안 된다. 직원들은 저마다의 생각에 따라 제안을 했을 뿐이다. 사장의 역할은 직원들의 제안에서 옥석을 가려 나은 방향으로 가도록 지휘하는 것이다. 따라서 그들에겐 죄가 없다.

사장은 비싼 수업료를 치르고 사업 노하우를 배웠다는 마음으로 없던 일로 하기로 마음먹었다. 손실을 피할 수는 없지만 교훈을 얻었으니 실패의 가치는 컸다. 무엇부터 할 것인가? 그는 노트에 자신의 실수를 하나둘 적어나가기 시작했다.

회사원 K의 남 탓

17년 차 직장인 K는 요즘 좌절의 나날을 보내고 있다. 이번엔 만년 과장 신세에서 탈출하나 했는데, 또 다시 승진 명단에서 누락되고 말았다. 입사 동기 4명 중에는 3년 전에 부장자리를 꿰찬 녀석도 있고, 이번에 나머지 두 명이 부장에 승진했다.

이제 동기들 중에 K 혼자만 남았다. 그동안 누구보다 열심히 일해 왔다고 자부하는데, 말도 안 되는 회사의 처사에 분노가 끓어오른다. 그만두라는 얘기인가? K는 요즘 불안하고 화가 나는 하루하루를 보내고 있다.

이게 다 부장 탓이다. 능력 없는 부장은 자기 자리 지키기에만 신경 쓰고 아랫사람을 챙겨주지 못하고 있다. 실적은 또 어떤가? 지난 분기 실적에서 우리 부서는 7개 부서 가운데 꼴찌를 했다. 이건 분명 부장의 능력과 리더십이 형편없기 때문이다.

그러고 보니 5명이나 되는 부서의 팀원들도 모두 능력이 없다. 걸핏하면 월차다, 병가다 해서 회사에 안 나오고 K 혼자만 실적을 올리느라 동분서주하니 좋은 결과가 나올 리 없다. K는 모든 결과를 자기 혼자 뒤집어쓴다고 생각하니 다시 화가 치밀었다.

지금까지의 이야기에서 K의 책임은 단 한 단어도 거론되지 않았다. 전부 다 회사 탓, 부장 탓, 팀원들 탓뿐이다. 과연 그럴까? K가 속한 팀에서의 그의 역할은 무엇이고, 책임은 또 무엇이었을까? 엄연히 부서의 2인자였음에도 시종일관 제삼자처럼 말하고 있다는 게 한심하다.

이런 타입의 회사원은 많다. 자신만 순정부품이고 남들은 전부 가짜 내지는 짝퉁이라고 욕하며 남 탓을 하는 사람들 말이다. 그들은 눈에 잘 띄지 않는 곳에서 암약하며 끊임없이 불평불만을 늘어놓는다. 그런데도 이상하게 질긴 생명력으로 버티며 연명하고 있다.

'행유부득 반구저기'라는 맹자의 말씀은 딱 이런 사람들에게 들려주고 싶은 고사성어다. 어떤 일을 해서 원하는 결과가 얻어지지 않았다면 남 탓을 하기 전에 먼저 자신을 돌아보고 잘못된 원인을 찾아야 하는데도 그러지 않는 만년 불평불만자들에게 말이다.

회사도 눈이 있고, 귀가 있다. 단지 결과만으로 직원들을 평가하지 않는다. 어떤 태도로 일하고 있는가? 회사가 주목하는 부분은 바로 이것이다. 평소에 생각과 태도만 좋다면 결과는 따라오는 것, 만년 과장을 전전하고 있는 K는 바로 이것을 되짚어 봐야 한다.

입만 열면 남 탓, 세상 탓을 하며 변명하는 자에게 기회는 오지 않는다. 남 탓을 하기 전에 먼저 자신을 돌아보고 원인을 찾아라. 먼저 자기 탓을 하며 시작하는 자에게 답은 찾아온다.

20

동반자를 잊지 마라

우리 모두 함께 하는 여정

지게미와 쌀겨를 나눠 먹으며 고생한 아내

왕망王莽의 역성혁명으로 몰락했던 한나라 왕조를 다시 일으켜 세운 후한의 광무제光武帝에게는 호양공주湖陽公主라는 누이가 있었는데, 일찍 과부가 되어 홀로 지내고 있었다.

평소 호양공주를 가련하게 여긴 광무제는 좋은 사람이 있으면 재혼을 시켜줘야겠다고 마음먹고 있었다. 어느 날 광무제가 공주에게 신하들 중에 어떤 사람이 좋은지 넌지시 물었다. 그러자 공주는 송홍宋弘 같은 사람이라면 다시 결혼해도 좋겠다고 대답했다.

송홍은 정직하고 성품이 올곧은 신하로 많은 이들이 좋아했지만 이미 아내가 있는 몸이었다. 광무제는 오래 망설이던 끝에 송홍의 마음이 어떤지 알고 싶어 어느 날 공주를 병풍 뒤에 숨겨 놓고 송홍을 불러 물었다.

"세상 사람들이 흔히 말하기를, 사람이 귀하게 되면 친구를 바꾸고 부자가 되면 아내를 바꾼다는데 공은 어찌 생각하는가?"

그러자 송홍이 한 치의 망설임 없이 대답했다.

> 가난할 때 사귄 친구는 잊어서는 안 되고,
> 함께 고생한 아내는 쫓아내서는 안 된다고 했습니다.
> 貧賤之交不可忘 糟糠之妻不下堂

광무제는 병풍 뒤에 숨어 송홍의 대답을 기다리던 호양공주에게 안 되겠다는 뜻으로 고개를 가로저었다. 이때부터 송홍이 남긴 말은 세상의 모든 결혼한 남자들이 가슴에 새기는 한 마디가 되었다.

'조강지처糟糠之妻'는 너무 가난해서 지게미와 쌀겨를 나눠 먹으며 고생한 아내라는 뜻으로 모진 가난을 견디며 남편을 위해 헌신한 아내라는 뜻이다. 가난할 때는 정겹게 지내다가 조금 성공했다 하면 아내를 버리고 새로운 여자를 찾는 사내들에게 경종을 울리는 말이다.

광무제가 말했듯이 고대 중국 시대에는 남자가 벼슬에 오르기만 하면 수준에 맞는 여자를 찾아 부와 권력을 동시에 가지려고 했다. 송홍은 조강지처라는 한 마디로 이런 풍조에 반기를 들었다고 볼 수 있다.

강태공의 아내

강태공이라는 별명으로 유명한 강상姜尙은 주나라 문왕이 주지육림에 빠져 나라를 도탄에 빠뜨린 은나라를 멸망시키고 천하를 평정하는 데 큰 공을 세운 인물로, 후에 제나라의 제후가 되어 백성들의 존경을 받았다.

그는 초야에 묻혀 평생을 학문에 정진했지만 알아주는 사람이 없어 나이가 80세에 이르도록 불우하게 살았다. 이 때문에 강태공의 아내는 일평생 백수로 지내는 남편을 뒷받침하기 위해 온갖 궂은일을 하며 집안을 꾸려 나가야 했다.

강태공은 혼탁한 세상을 구할 명군이 나타나 자신을 기용할 때를 기다리며 학문을 닦고 심신을 수련하느라 세월이 흐르는 것도 모르고 있었지만, 아내는 백발이 되고 허리가 휘도록 살면서 강태공의 무관심과 지독한 가난에 지쳐 버리고 말았다.

어느 날 그녀는 늙은 몸을 이끌고 가출해 버렸다. 강태공은 아내가 집을 나간 것을 뒤늦게 알고 조금만 더 참았더라면 좋은 날이 올 텐데 안타깝다고 혼잣말을 했다고 한다. 80세가 다 되도록 좋은 날이 오지 않았는데 어느 세월에 그런 날을 더 기다린단 말인가. 누가 봐도 그것은 너무 잔인하고, 너무 늦은 생각이었다.

혼자가 된 강태공은 매일같이 위수渭水라는 강가에 나가 낚시를 했는데, 미끼를 끼우지 않고 낚시질을 했기에 세월을 낚는다는 말이 여기서 나왔다. 그러면서 강태공은 내면에 도사린 꿈을 키워나가는 데 열중하면서 반드시 나의 시대는 온다는 결의를 다지며 강물을 응시했다.

그런 식의 낚시질이 아주 헛된 것은 아니었다. 어느 날 주나라 문왕이 위수 강가에 와서 강태공을 만나게 되었다. 사실은, 문왕이 점괘를 보았는데 위수 강가에 가면 나라를 이끌 최고의 현인賢人이 기다리고 있을 거라고 해서 그곳에 간 것이었지만, 아무튼 두 사람은 마침내 서로에게 필요한 사람을 만나게 되었다.

문왕은 강태공과 몇 마디 말을 나누고는 자신이 그토록 오래 찾던 현인이라는 사실을 알게 되었다. 문왕은 그때까지 존속했던 왕조들의 난폭하고 기만적인 정치 행위를 종식시키고 진정으로 백성을 위한 나라를 건설하고 싶었다. 그러려면 천하의 인재들을 곁에 두어야 했던 것이다.

마침내 문왕의 강력한 지원을 받으며 자신의 포부를 마음껏 펼치게 된 강태공은 주나라가 천하를 제패하는 데 큰 공을 세우고, 그 뒤 제나라의 제후에 봉해져 유능한 정치가로도 이름을 떨쳤다.

그런데 그가 제나라 제후로 있을 때, 가출했던 아내가 갑자기 찾아와 자신을 거두어달라고 울며 사정했다. 따지고 보면 불쌍한 여인이었다. 60년 넘게 함께 살면서 따뜻한 밥 한 그릇 남편의 힘으로 먹은 적이 없을 만큼 질곡의 세월을 보냈으니 얼마든지 마음의 문을 열고 가련한 아내를 받아 줄 수 있는 일이었다.

그러나 강태공은 아내에게 물 한 동이를 길어오게 하고 땅바닥에 확 쏟아 버리고는 물을 항아리에 다시 담으면 합치겠다고 했다. 아내가 망설이자 그가 말했다.

"그대는 헤어졌다가 다시 합칠 수 있다고 생각하겠지만, 이미 엎질러진 물은 주워 담을 수 없소."

서릿발 같은 강태공의 말에 아내는 할 말을 잃었다. 평생 남편을 위해 고생하다가 마지막 순간 인내하지 못한 아내도 안타깝지만 강태공의 매정한 태도는 더 안타까웠다.

강태공은 힘든 시기에 무책임하게 가출한 책임을 묻는 것이겠지만 평생 극심한 가난 속에 고생만 시켰던 자신의 무책임에 대해서는 왜 모른 척했던 것일까? 이제 제나라의 제후가 되었으니 오갈 데 없는 여인에게 누추한 거처라도 마련해 주면 좋을 텐데 강태공은 차갑게 머리를 흔들 뿐이었다.

강태공은 주역周易의 확립자로 유명한 학자이기도 했다. 또한 유명한 병법서 〈육도삼략〉 중에서 그가 지은 〈육도〉는 고대 중국 시대의 전쟁에서 전략전술이라는 개념을 도입한 최초의 책으로, 후배 병학자들이 출간한 모든 병법서들의 교과서 같은 역할을 했다.

이렇듯이 정치인으로도, 군사전략가로도 탁월한 인물이었지만 집안은 뒷전이고 고생한 아내에게는 몰인정했던 그의 모습을 어떻게 봐야 할까?

함께하는 여정

동양의 여러 나라에서는 여필종부女必從夫와 삼종지도三從之道라는 유교적 이념을 하나의 법으로 지켜왔다. 이 제도는 특히 조선에서 어떤 법률보다 강력한 제도로 정착되어 여성 차별을 선도했다.

여필종부는 아내는 반드시 남편의 뜻을 따라야 한다는 뜻이고, 삼종지도는 여자가 일생 동안 반드시 따라야 할 세 가지의 도리를 이르는 말로 어려서는 부모를 따라야 하고 혼인한 후로는 남편을 따라야 하며 늙어서는 자식을 따라야 한다는 뜻이다.

칠거지악七去之惡도 있다. 나쁜 병에 걸렸거나 도벽이 극심하고, 아이를 낳지 못하거나 행실이 음탕하며, 남편의 행동에 시기질투가 심하거나 시부모와 불화하며, 말이 너무 많아 자주 불화를 일으키는 등 7가지 허물이 문제가 되면 언제든 퇴출할 수 있었다. 이 때문에 여성들은 걸핏하면 칠거지악의 함정에 빠져 돌아올 수 없는 강을 건너야 했다.

그렇다면 서양의 사정은 어떠했을까? 그들의 형편도 동양과 별반 다르지 않았다. 민주주의의 본향이라는 미국에서 여성들에게 참정권이 부여된 것은 1890대로 지금으로부터 130년 전이었다. 그 이전에는 여자들이 인간의 기본적인 권리마저 박탈당하는 관습이 세상을 압도했다.

어디 정치뿐이랴. 여성이 경제의 주체적 존재로 발돋움한 것은 100년이 되지 않는다. 어느 분야에서나 부속품이 되어 살아야 했던 지난 세월 여자들의 삶에 숙연한 마음뿐이다.

가톨릭교회에서 중요한 문제가 생겼을 때 이를 해결하기 위해 개최하는 회의를 '시노드synod'라고 한다. 시노드에서 추기경이나 주교 같이 남성 고위 성직자들에게만 주어지던 투표권이 여성에게도 주어진 것은 놀랍게도 2021년이었다.

시노드는 '함께하는 여정'이라는 뜻이다. 여성은 길고 긴 인생을 남자와 함께하는 여정의 동반자라는 사실을 인식하고 현실에 반영하는 데 그토록 많은 시간이 걸렸다는 사실이 놀랍기만 하다. 모든 분야에서 여성의 지위가 예전보다 많이 오르고 있지만, 아직도 부족하다. 진정으로 함께하는 동반자로서의 여성을 다시 생각할 때다.

여성에 대한 편견을 버리고 남자와 함께하는 진정한 동반자라고 생각하자. 여성에 대한 고정관념을 버리고 인생을 함께하는 여정의 동반자이자 진정한 파트너로 생각하자.

21

자기 얼굴에 책임지는 40대가 되어라

링컨이 특히 주목했던 일

날고기와 구운 고기

옛사람들은 산에 올라 짐승을 잡거나 그물질로 물고기를 잡아 가난하거나 부자이거나 마음만 먹는다면 얼마든지 고기를 먹을 수 있었다.

처음에는 날고기를 주로 먹었지만 불에 구어 먹는 방법을 발견한 뒤로 구운 고기도 많이 먹었다. 이때 날고기를 회膾라고 하고, 구운 고기를 자炙라고 불렀다. 하도 많은 사람들이 이렇게 날마다 날고기와 구운 고기를 입에 올리게 되자 '회자膾炙'라는 말이 생겼다.

이 말이 점점 발전하여 사람들의 입에 자주 오르내리며 이야

깃거리가 되는 것을 '인구회자人口膾炙'라 불렀다. 모든 사람의 입에 날고기와 구운 고기가 들어간다는 뜻이다. 발 없는 말이 천 리를 간다는데, 한 번 인구에 회자되기 시작하면 온 마을에 소문이 퍼지는 것은 시간문제였다.

특히 임금이나 고위직 신하들에 대한 나쁜 소문이나 대궐 속의 여자들 이야기는 백성들이 늘 궁금해 해서 누가 어떻다더라 금세 소문이 퍼져 나갔다. 그밖에도 큰 산불이 일어나거나 전쟁이 터지는 등 급보가 날아들면 사람들의 입을 거쳐 순식간에 온 나라에 입소문으로 퍼져 나갔다.

《전국책戰國策》은 전국시대에 활동한 유세가들의 일화와 언행을 기록한 역사책으로, 전한시대에 유향劉向이 지었다. 이 책에 소문을 이용해 천리마를 구한 임금 이야기가 나온다.

어느 임금이 천리마를 구하고 싶어 안달이 났는데, 아무리 수소문을 해도 도저히 구할 수 없었다. 임금이 천리마를 구한다고 소문이 나자 가만히 놔두기만 해도 천리마 값이 천정부지로 올라갈 게 뻔해서 천리마의 주인들이 꽁꽁 숨겨두었기 때문이다.

이때 한 신하가 자기에게 일천 금을 주면 천리마를 구해오겠노라고 장담했다. 임금이 당장 돈을 주었는데, 얼마 후 그가 죽은 천리마의 뼈다귀라며 뼛조각 몇 개를 오백 금이나 주고 사왔다고 아뢰었다. 임금이 어이가 없어 벌컥 화를 내자 그가 말했다.

"천리마는 워낙 귀하기 때문에 아무도 내놓으려고 하지 않습니다. 그런데 임금께서 죽은 천리마의 뼈다귀를 오백 금에 주고 샀다는 소문이 나면, 천리마를 가진 사람들이 대궐 앞에 줄을 설 것입니다."

얼마 후, 이 소문은 삽시간에 퍼져나가 천리마를 가진 사람들이 대궐에 줄줄이 몰려들었다. 이렇게 되면 상황은 역전된다. 수요와 공급의 원칙에 따라 천리마 경매 가격이 점차 내려가 일천 금을 주지 않아도 살 수 있게 된다.

고대 중국 시대는 유독 소문이 거리를 메우고 마을을 뒤덮었다. 죽간을 통한 의사 전달 방법이 있었지만 극히 일부 상류층에 해당하는 일이고, 백성들은 단지 입에서 입으로 전해지는 입소문만이 유일한 소통법이었다.

그래서 나온 고사성어가 바로 '가담항설街談巷說'이다. 임금이 백성들의 삶을 알아보고 정사에 반영하기 위해 패관稗官이라는 하급관리들에게 민간의 풍속이나 세상에 떠돌아다니는 소문을 알아보도록 시켰고, 이를 모아 기록하게 한 것이 바로 가담항설이다.

이런 소문들은 자칫 유언비어가 될 수도 있지만, 그 또한 백성들의 삶에서 나온 것이니 그때그때 적절히 대응하면 된다. 그렇기에 임금은 패관들이 보고 들은 이야기에 큰 관심을 두었다.

적의 입장에서는 이를 역이용할 수도 있다. 괴소문을 만들어 은밀히 전파해서 상대를 혼란시키다는 뜻의 마타도어matador로, 실제로 그런 일이 있었었다.

《사기》〈전단열전田單列傳〉에 이런 이야기가 나온다. 전국시대 대표적 명장 중 한 사람인 연나라 장수 악의樂毅가 제나라를 정벌할 때, 일거에 70여 개의 성을 함락시켜 제나라를 멸망 직전으로 내몰았다. 이에 제나라 장수 전단田單이 이를 막아내고자 첩자들을 연나라에 풀어 이런 소문을 퍼뜨렸다.

"악의가 제나라를 토벌한다는 명분을 내세워 결국엔 연나라 임금이 되려고 한다."

이에 연나라 왕이 악의를 급히 본국으로 소환함으로써 전쟁을 제지했다. 이런 전략을 '반간계反間計'라 하는데, 전단은 전쟁도 막고 악의를 곤경에 빠뜨림으로써 일거양득의 효과를 얻었다.

백성들 사이에 이런 수군거림이 퍼져나가면 왕들은 일단 의심부터 한다. 남의 나라 정벌이고 뭐고 자기부터 위태로워지기 때문이다. 그렇다면 왕의 선택은 하나뿐이다. 악의를 죽여야 한다. 악의는 불길한 조짐을 느끼고 그 길로 조나라로 도망쳤다.

길에서 주워들은 이야기를 그대로 전하다

《논어》〈양화〉편에 '도청이도설 덕지기야道聽而塗說 德之棄也'라는 문장이 나온다. 길에서 주워들은 이야기를 다시 그대로 길에서 다른 사람에게 말해 버리는 행위는 이야기 속에 들어 있는 중요한 내용을 생각하지 않는 일이므로 덕德을 버리는 것과 같다는 뜻이다.

길을 가다가 누군가에 관한 어떤 소문을 들었다. 그리고 곧바로 다른 사람을 만나 그 이야기를 전한다. 그러면 그 이야기가 사실이든 아니든 삽시간에 온 마을에 퍼져 나가는 건 시간문제다.

요즘은 인터넷이 더 무서운 소문의 중심이다. 이런 소문은 한 번 방출되면 번개 속도로 퍼져서 이렇다더라, 저렇다더라 끝도 없이 부풀려져 세상을 강타한다.

유튜브가 특히 그렇다. 소문은 쇼킹할수록 좋다. 그러면 구독자 수가 늘어나 큰돈이 들어오니 때로는 일부러 소문을 창조하여 뿌려댄다. 그러면 인구회자라는 말 그대로 순식간에 세상을 도배하게 된다. 누가 봐도 헛소문이 뻔한데도 대문짝만한 제목에 사람의 눈길을 유혹하는 문구를 내걸면 넘어가지 않는 사람이 없다.

한 여성 연예인이 극단적인 선택을 했다. 오랫동안 온갖 스캔들에 시달려 온 그녀는 끝내 말 많은 세상을 등지는 것으로 자신을 망쳐 놓은 사람들에게 항거했다.

그건 명백히 살인이다. 그런 일이 벌어지는데도 아무런 방비책이 없다 보니 유명인들은 분노와 절망을 느끼며 마음을 앓다가 인내가 바닥나고 심신이 피폐해지자 막다른 골목으로 자신을 몰아가는 것이다.

그럼에도 일부 유튜버들은 사과 한 마디 없이 또 다른 희생자를 찾는다. 어떤 유튜버는 구독자가 50만 명을 넘는다며 한 달에 얼마를 버는지 자랑했다. 가담항설로 상처받아 자살을 생각하는 사람까지 있는데 가해자는 돈다발을 세고 있으니 요지경이다.

그의 유튜브 방송을 보면, 사실에 근거한 이야기보다는 소문을 듣고 자기 나름으로 추측하는 내용이 대부분이다. 그렇게 100번을 이야기하다 보면 한두 번은 맞는 경우가 있다. 그러면 금세 자신의 예측이 100% 정확하다고 장담하며 더 많은 구독자 수를 끌어들인다.

마흔이 되면 자기 얼굴에 책임져라

링컨은 선거에 여러 차례 낙선해서 정치계에 인맥이 별로 없었다. 그러다 대통령이 되자 링컨은 요직에 등용할 사람들을 추천

받기로 했다. 한 번은 40대 초반의 능력 있는 젊은 정치인을 추천받았다. 학력 좋고 가문도 훌륭한 인물이어서 링컨도 마음에 들어 면접을 보기로 했다.

그런데 막상 면접을 보고 나서 링컨은 그가 마음에 들지 않는다고 머리를 흔들었다. 이에 추천자는 얼굴이란 본래 부모에게 물려받은 것이니 그걸 문제 삼는 것은 말이 안 된다고 했다. 링컨이 말했다.

"사람은 마흔이 넘으면 자기 얼굴에 책임을 져야 한다네. 마흔 이후의 얼굴은 스스로 만드는 것인데, 그렇게 자기관리가 안 되는 사람이라면 문제가 있다네."

잘생기고 못생기고의 잣대나 가문을 보고 판단하는 게 아니라 얼굴에서 그 사람의 인생을 바라본 것이다. 사람의 얼굴은 나이가 들면서 점차 바뀐다. 어떤 삶을 살아왔고, 어떤 인성으로 인생 여정을 헤쳐 왔는지 얼굴에 드러난다. 링컨은 바로 이것을 지적한 것이다.

말도 그렇다. 말투, 말버릇, 말하는 태도만 봐도 그 사람을 알 수 있다. 한 마디 말만 들어봐도 그가 어떤 품성의 인간인지 짐작할 수 있다. 공자가 길거리에서 들은 말을 함부로 전하는 행위는 덕을 버리는 것이라고 말한 이유가 바로 여기에 있다. 이것이 바로 기업에서 신입사원을 뽑을 때 면접을 보는 이유다.

어떤 소문을 들었다면 사실 여부부터 알아봐야 한다. 그리고 누가 무엇을 어떻게 했다는 소문을 들으면 왜 그렇게 했을지 먼저 따져봐야 한다. 하지만 그렇게 하지 않으니 문제고, 모든 부작용은 바로 여기서 파생된다.

한 사람의 인격에 관한 문제를 아무 생각 없이 마구잡이로 전달하는 사람이 되지 말자. 그런 말 한 마디에 사람이 죽을 수도 있다는 사실을 잊지 말자. 그렇게 해야 인격자이고, 그렇게 살면 마흔이 되어 자기 얼굴에 인품으로 드러난다.

타인에 대한 말을 생각 없이 마구 뱉어내지 말자. 말 한 마디에 사람이 죽을 수도 있다는 사실을 잊지 말아야 한다. 그렇게 살아야 비로소 마흔이 되어 자기 얼굴에 인격으로 드러난다.

마치며

전작 《오십의 인생공부》에 보내주신 독자 여러분들의 성원에 힘입어 출간한 이 책을 40대의 인생길에서 아직 방향을 정하지 못한 사람들에게 권합니다. 이미 방향을 정했더라도 아직 속도감 있게 달려 나가지 못하는 사람들에게도 마찬가지입니다.

인생은 속도가 아니라 방향이라는 말이 있습니다. 그러나 40대가 되면 속도도 중요합니다. 지치지 않을 정도의 걸음으로 끈기 있게 달려 나가는 자세가 필요하기 때문입니다.

역주행하지 말고, 과속도 하지 말고 자신이 정한 길을 자신의 속도에 맞춰 달려가는 40대들에게 이 책은 자신이 정한 스케줄대로 제대로 진행되고 있는지를 점검하는 사색과 통찰의 시간을 제공할 것입니다.

그러기 위해 역사 속 인물들의 발걸음은 큰 도움이 될 것입니다. 이 책에 등장하는 인물들은 성공하기 위해 무엇이 필요한지, 실패했을 때는 어떻게 해야 하는지를 거울처럼 보여줄 것입니다.

그렇기에 이 책은 단순히 역사에 이름을 남긴 영웅의 흔적만을 다루지 않았습니다. 고대 중국을 살았던 수없이 많은 사람들의 삶의 궤적에서 추려낸 인생에서 생생하게 교훈을 얻을 수 있도록 꾸며 인문적 성찰과 품격 높은 자기계발 도서의 요소까지 곁들였습니다.

마흔은 세상의 유혹에 흔들리지 말아야 한다고 합니다. 그러나 그런 강건함으로 무장한 40대는 흔치 않습니다. 사회 현실 속에서 생존경쟁을 멈추지 말아야 할 환경을 뛰어넘기에는, 40대는 아직 너무 이른 나이일지 모릅니다.

그렇더라도 40대는 신발 끈을 단단히 조여야 할 때입니다. 자칫하면 낙오자가 되거나 한참 늦어버릴 수 있기 때문입니다. 40대 10년 동안 이를 악물고 자기 인생을 준비해놔야 50부터 원하는 만큼의 목표를 손에 쥐게 된다는 이야기입니다.

수많은 중국 고전들 속에 인생의 문을 여는 열쇠처럼 등장하는 고사성어들을 담고 있는 이 책을 통해 마음을 다지고 삶의 목표를 더 확실하게 바로잡는 기회가 되기를 바랍니다. 여러분의 40대를 응원합니다. 감사합니다.

40대가 되면 가슴에 새겨야 할 말들

초판 1쇄 인쇄일 2025년 1월 10일
초판 1쇄 발행일 2025년 1월 20일

지은이 이삼수
발행인 양혜령
출판등록번호 제2023-000044호
출판등록 2023년 2월 23일
영업본부 경기도 고양시 일산동구 백석동 1335 더리브스타일 536호
대표전화 02-333-6040
팩스 02-337-0569
메일 editor@hongikbooks.com

홍익P&C는 HONGIK Publication & Communication의 약자입니다.
이 책은 홍익피앤씨의 《마흔, 사람을 공부할 시간》의 개정 신판입니다.

ISBN 979-11-988483-4-5 (03190)